Alasdair MacIntyre

알래스데어 매킨타이어

/ 설민

<컴북스이론총서>는
현대를 호흡하는 사상가들을 소개합니다.
단순한 사상의 축약, 해제가 아닙니다.
해당 사상가를 연구해 온 전문가가 직접
사상가의 핵심 키워드 10개를 뽑아 해설하고 비평합니다.
인간과 비인간, 현실과 가상, 문화와 야만의
경계를 넘나드는 모든 사상을 싣겠습니다.
오늘을 살아가는 모든 이의 나침반이 되겠습니다.

컴북스이론총서

알래스데어 매킨타이어

설민

대한민국, 서울, 커뮤니케이션북스, 2025

알래스데어 매킨타이어

지은이 설민
펴낸이 박영률

초판 1쇄 펴낸날 2025년 6월 13일

커뮤니케이션북스(주)
출판 등록 제313-2007-000166호(2007년 8월 17일)
02880 서울시 성북구 성북로 5-11
전화 (02) 7474 001, 팩스 (02) 736 5047
commbooks@commbooks.com
www.commbooks.com

ISBN 979-11-430-0547-2 04190

책값은 뒤표지에 표시되어 있습니다.

우리 시대의 철학자 매킨타이어

알래스데어 매킨타이어(Alasdair MacIntyre, 1929～2025)는 우리 시대의 대표적인 정치철학자이자 도덕철학자다. 1980년대 영미권에서 지배적이었던 자유주의를 비판해 자유주의와 공동체주의 사이에 커다란 논쟁을 불러왔을 뿐 아니라 덕윤리가 규범 윤리학으로 부흥하는 데 중대하게 이바지했다. 대표작 ≪덕의 상실(After Virtue: A Study in Moral Theory)≫(1981)은 20세기의 가장 중요한 실천철학 저작 가운데 하나로 손꼽힌다. 매킨타이어는 자유주의와 마르크스주의를 모두 비판하면서 아리스토텔레스와 토마스 아퀴나스(Thomas Aquinas)의 덕 전통을 현대적으로 계승하고자 노력했다. ≪덕의 상실≫ 외에도 ≪누구의 정의? 어느 합리성?(Whose Justice? Which Rationality?)≫(1988), ≪도덕적 탐구의 세 경쟁 형태(Three Rival Versions of Moral Enquiry)≫(1990), ≪의존적인 합리적 동물(Dependent Rational Animals)≫(1999) 등이 주요 저작으로 거론된다.

현대 철학은 영미권의 분석철학계와 유럽의 대륙철학계로 양분된다고 흔히들 말한다. 두 철학계의 구분은 17~18세기에 영국 경험론과 대륙 합리론을 구분한 뿌리 깊은 역사에서 시작되었다. 두 철학 사이에 장벽이 높기에 현대 철학자 대다수가 양쪽 모두에 통달하지 못했다고 말해도 무리가 아닐 것이다. 그러나 매킨타이어는 오늘날 드물게도 두 철학계의 장벽을 넘나드는 철학을 선보인다.

분석철학은 철학사를 수놓는 주요 철학자들의 철학 체계를 직접 참조하지 않은 채 독자적인 언어적 분석과 치밀한 논증을 통해 철학적 탐구를 진행하는 경향이 짙다. 과장을 섞어 말하자면 분석철학에서 철학사 연구는 불필요하다. 반면 대륙철학 전통은 플라톤, 토마스 아퀴나스, 이마누엘 칸트(Immanuel Kant)와 같은 고전 철학자들의 철학 체계를 세밀하고 정교하게 또 깊이 있게 파고든다. 이들의 철학을 꼼꼼하게 해석하고 해설함으로써 결국 현대를 살아가는 오늘날 우리에게도 유의미한 통찰을 얻을 수 있다고 본다.

매킨타이어는 스코틀랜드 출신이다. 그러니 자연히 영국 경험론과 분석철학에 친숙하다. 그러나 다른 어느 현대 철학자보다도 철학사에 정통하다. 매킨타이어는 분석철학이나 대륙철학 중 어느 한쪽으로 분류될 수 없는 철학 스

타일을 선보인다. 때로는 분석철학자들처럼 치밀한 분석과 논증을 비판의 무기로 삼고, 때로는 아리스토텔레스나 토마스 아퀴나스와 같은 사상가의 문헌을 깊이 독해함으로써 통찰을 얻는다.

매킨타이어가 철학하는 방식에 특유한 점은 그가 철학사적 맥락을 대단히 중시한다는 사실에서 나온다. 매킨타이어에 따르면 "철학적 분석이 역사적 탐구와 분리되어 버리면, 그 분석 자체가 올바른 길로부터 멀어지기가 너무 쉽다"(MacIntyre, 2004: 37). 매킨타이어는 하나의 철학이 철학사적 맥락에서 비롯하기 때문에 그 철학을 이해하려면 그것이 탄생한 역사적 맥락을 함께 들여다보아야 한다고 생각한다. 이러한 매킨타이어의 접근법을 충분히 유념해야만 그가 여러 고전 철학자를 다루는 방식을 제대로 파악할 수 있다.

예컨대 매킨타이어는 데이비드 흄(David Hume), 이마누엘 칸트, 쇠렌 키르케고르(Søren Kierkegaard) 등의 철학을 역사적 배경으로부터 파악한다. 그들의 철학은 시대적 변화와 그러한 변화에 따른 문제의식으로부터 탄생했다. 흄은 아리스토텔레스적인 목적론적 세계상이 붕괴하던 시대에 도덕철학의 새로운 가능성을 고민하지 않을 수 없었다. 그래서 흄은 도덕성을 목적론적 기틀과 무관하게 인간의 정념적 본성으로부터 설명하고자 했다. 칸트가 보기에 흄의 문제의식은 적절했으나 해결 방식에 문제가 있었다. 칸트의 도덕철학은 흄의 역사적 실패에 대한 응답이었다. 그래서 칸트는 도덕성을 반대로 인간의 이성적 본성으로부터 설명하고자 했다. 그러나 키르케고르가 보기에 칸트의 시도 역시 실패했다. 키르케고르의 철학적 출발점은 도덕성을 정념적 본성으로 설명하려는 시도와 이성적 본성으로 설명하려는 시도 모두 실패했다는 철학사적 판단이다. 매킨타이어의 해석에 따르면 키르케고르는 결국 도덕성을 합리적 정당화가 불가능한 실존적 결단과 선택의 문제로 돌리게 되었다.

이러한 매킨타이어의 철학사적 접근 방식이 더욱 선명하게 드러나는 사례를 정서주의(emotivism)에 대한 그의 비판에서 확인할 수 있다. 정서주의는 도덕적 발언이란 옳거나 그르다고 이성적으로 판정할 수 있는 진술이 아니라 어떤 행위나 사태에 대한 화자의 감정 표현에 불과하다고 보는 메타윤리적 입장이다. 정서주의에 따르면 '도둑질은 나쁘다'라는 발언은 도둑질을 떠올릴 때 드는 저어하는 마음을 표현하는 것일 뿐이다. 매킨타이어는 이러한 정서주의의 주창자들이 ≪윤리학 원리(Principia Ethica)≫(1903)로 유명한 조지 에드워드 무어(George Edward Moore)의

케임브리지대학교 제자들이었다는 역사적 사실에 주목하면서 독특한 해석을 제시한다. 매킨타이어에 따르면 정서주의는 스승 무어의 이론에 대한 반발에서 태동했다.

무어는 플라톤처럼 선(the good)에 대한 직관주의를 주창했다. 선이란 인간의 본성 개념으로 설명될 수 있는 용어가 아니라고 주장했다. 무어에 따르면 특히 선을 쾌락과 같은 자연적 용어로 정의할 수 있다는 생각은 자연주의적 오류에 불과하다. 선은 노란색과 같이 직접 직관할 수 있지만 정의할 수는 없는 대상이다. 이러한 무어의 메타윤리적 주장은 당대의 많은 지성인을 사로잡았다.

그러나 선에 대한 직관이 사람마다 다르다면 어떻게 될까? 철수가 선이라고 직관한 것을 영희가 선이 아니라고 직관한다고 할 때 직관주의에 따르면 누가 선이 아닌 것을 선으로 착각했는지 합리적으로 입증할 방법이 없다. 매킨타이어는 이러한 직관주의의 난점으로부터 정서주의 이론으로 넘어가는 실마리를 발견한다. 무어에 반기를 든 제자들이 보기에 직관주의자들은 사실 선이라는 비자연적 대상이 존재함을 직관해 냈던 것이 아니었다. 객관적으로 관찰할 수 있는 선이라는 속성은 애초에 존재하지 않는다. 직관주의자들은 단지 어떤 행위, 예를 들어 어려운 처지에 놓인 사람을 돕는 행위를 보면서 자신들의 흐뭇한 감정과 태도를 표현했을 뿐이다. 그러면서 어떤 객관적 속성을 직관했다고 주장해 자신들의 주관적 선호를 위장하고 은폐한 것이다. 정서주의의 입장에서 보면 선에 대한 발언이 사람마다 다르고 합리적으로 설명될 수 없는 것도 당연하다.

매킨타이어는 이처럼 정서주의가 본래 직관주의자들의 행태를 폭로하는 이론으로서 등장했다고 본다. 직관주의자들은 마치 자신들이 객관적 기준에 따라 도덕적 언어를 사용하는 듯이 행동하지만, 정서주의의 주창자가 보기에 그들은 단지 자신들의 감정과 태도를 표현할 뿐이었다.

매킨타이어는 이러한 역사학적 분석을 바탕으로 정서주의를 도덕적 발언의 '의미'에 대한 이론이 아니라 오늘날 사람들이 도덕적 언어를 '사용'하는 방식에 대한 이론으로 볼 필요가 있다고 주장한다. 정서주의가 1900년대 초 케임브리지대학교에서 무어를 따르는 일군의 지성인들이 도덕적 발언을 사용한 방식에 대한 이론으로 등장했기 때문이다. 이처럼 매킨타이어는 정서주의가 등장한 역사적 맥락을 밝혀냄으로써 그것이 의미 이론이 아니라 사용 이론으로 해석될 수 있음을 보인다. 그 결과 정서주의는 특정한 역사적 시대에 한해 유효한 이론이지 도덕의 본성에 대한 초역사적 이론이기를 주장할 수 없게 된다. 이렇게 정서주의의 철학적 함의를 밝혀내고 그 의의를 한정할 때, 매킨타이어는 철학사적 접근법에 결정적으로 의존했다.

'행위 중심 윤리학'과 공리주의 비판

덕윤리는 지난 몇십 년 사이 규범 윤리학 분야에서 부상한 견해다. 결과론적 윤리학을 대표하는 공리주의와 의무론적 윤리학을 대표하는 칸트주의는 모두 행위가 옳은지 그른지 판정하기 위한 원칙 제시에 일차적 관심을 둔다. 반면 덕윤리의 지지자들은 그와 같은 '행위 중심 윤리학'(포이만·피저, 2019: 284ff.)이 '우리가 어떤 사람이어야 하는가', '어떻게 살아야 하는가', '인간에게 진정으로 좋은 삶이란 어떤 것인가'와 같은 더욱 거시적이고 근본적인 윤리의 문제를 놓치고 만다고 지적한다. 소크라테스 이래로 근대 이전까지 서구 전통에서 윤리학의 핵심은 바로 그와 같이 인간 삶 전체에 대한 반성적 조명을 요구하는 문제였다.

매킨타이어는 공리주의와 칸트주의로 양분되었던 규범 윤리학에서 덕윤리가 부활하는 데 결정적으로 공헌했다(Solomon, 2003). 매킨타이어는 자유주의적이자 개인주의적인 근대 문화의 부상으로 아리스토텔레스적 덕 전통이 무너졌고, 이에 따라 온갖 도덕 이론이 새로 등장했음에도 결국 도덕성이 파탄에서 벗어날 수 없었다고 비판한다. 아울러 현대의 윤리적 곤경에 대한 대안으로 아리스토텔레스적 덕 전통의 재건을 주문한다. 비록 오늘날의 문화에서 덕 전통이 소실되어 간다고 할지라도 개개인이 덕을 습득하기 위한 교육을 적절히 받고 덕을 원활히 행사할 수 있게 하는 지역 공동체를 건립하고 유지한다면 우리 각자가 좋은 삶을 성취하거나 그에 근접할 수 있으리라는 희망을 내비친다.

행위 중심 윤리학을 규범 윤리학의 전부로 간주할 때 윤리학의 빈곤화는 불가피하다. 인간은 단지 올바른 행위에만 관심 있는 것이 아니라 그 이상으로 인생 전체를 적절하고 훌륭한 방식으로 건설하는 데 관심이 있다. 이러한 실천적 관심을 반영할 수 없는 윤리학은 빈곤하고 빈약하다는 평가를 받아 마땅하다. 프리드리히 니체(Friedrich Nietzsche)와 실존주의가 대중적 인기를 얻은 것은 적어도 부분적으로 이들이 그런 실천적 관심을 반영해 어떻게 살아야 하는가에 대한 나름의 답변을 제시했기 때문이라고 설명할 수 있다. 하지만 매킨타이어가 지적하듯 니체적 대안에 심각한 문제가 있다면 남는 대안은 덕 전통뿐이다(MacIntyre, 2007: 109-120, 256-263). 이런 배경에서 우리는 매킨타이어의 윤리학을 덕 전통의 부활을 통해 윤리학의 빈곤화를 극복하려는 진지한 시도로 읽을 수 있다.

행위 중심 윤리학의 대표 사조는 공리주의와 칸트주의다. 물론 매킨타이어는 둘 모두를 거부한다. 매킨타이어가 칸트의 도덕철학을 어떻게 비판하는지는 나중에 자세히 살펴볼 기회가 있다. 그러니 여기서는 공리주의에 대한 매킨타이어의 비판을 빠르게 훑어보는 것이 좋겠다.

공리주의는 18세기 말에서 19세기 초에 활동한 영국의 철학자이자 정치 개혁가인 제러미 벤담(Jeremy Bentham)에게로 거슬러 올라간다. 공리주의는 '최대 다수의 최대 행복'이라는 벤담의 유명한 정식으로 요약된다. 벤담은 도덕철학에 관한 온갖 신학적·형이상학적 가설을 미신으로 치부하면서 인간은 누구나 최대의 쾌락과 최소의 고통을 원한다는 단순하고도 명백한 인간의 심리적 본성으로부터 도덕의 핵심 원리를 도출할 수 있다고 보았다.

그러나 매킨타이어는 각자가 '자신의' 최대 쾌락과 '자신의' 최소 고통을 원한다는 심리적 사실 그리고 '최대 다수의' 최대 행복이라는 도덕적 원칙 사이에 커다란 간극이 있다고 지적한다(MacIntyre, 2007: 65). 엄격히 보면 쾌락을 추구하는 개인의 심리적 본성은 가급적 많은 사람들의 행복을 추구하라는 도덕적 요구와 논리적으로 무관하다.

또한 매킨타이어는 공리주의적 행복 관념의 모호성을

문제 삼는다(MacIntyre, 2007: 65). 벤담에게 쾌락과 행복은 동의어다. 그러나 기본적으로 쾌락은 고통처럼 감각적 상태다. 매킨타이어는 감각으로서 쾌락의 양이 극대화된 상태가 인간의 도덕적 목표라는 주장은 인간의 목적 관념을 천박하게 만들 뿐이라고 본다. 물론 존 스튜어트 밀(John Stuart Mill)이 이러한 문제의식에 따라 이른바 질적 쾌락을 도입한다. 하지만 이는 공리주의적 행복 관념을 더욱 불명료하게 만들 뿐이다. 쾌락 또는 행복이라는 이름으로 부를 수 있는 것은 이제 너무도 다종다양해 그것을 극대화하라는 도덕적 요구는 결국 유명무실해지고 만다. 무엇이 행복인지 특정할 수 없다면 그것을 추구하라는 요구는 실천적 의미를 상실한다.

세 번째 비판은 두 번째 비판의 연장선상에서 제기된다. 매킨타이어는 공리주의의 도덕 원리가 여러 선 사이의 '통약 불가능성'을 간과했다고 비판한다. 저녁에 맥주 한 잔을 마시는 쾌락과 휴양지 해변에서 수영을 즐기는 쾌락 가운데 어느 쪽이 더 큰지 비교할 수 있는 척도란 존재하지 않는다. 수도사가 수도원 생활에서 갖는 행복과 군인이 병영 생활에서 갖는 행복 간의 일률적 비교는 더더욱 불가능하다(MacIntyre, 2007: 64).

더 나아가 매킨타이어는 과학적 탐구나 가정 공동체 운

영과 같은 사회적 실천에 내재하는 선은 권력이나 돈과 같은 외재적 선과 본질적으로 다르다고 본다. 하지만 공리주의는 이러한 선의 근본적 유형 차이를 간과한 채 단순히 쾌락 또는 행복의 총합만을 내세울 따름이다.

마지막으로 공리주의는 덕의 본성을 잘못 파악한다. 공리주의에서 덕이란 선이라는 결과를 얻는 데 장기적으로 유용한 성질 정도일 뿐이다. 그러나 매킨타이어에 따르면 이는 덕과 선의 관계를 오해한 것이다. 오히려 덕은 그 본성상 결과에 대한 고려 없이 행사되어야 마땅하다. 또한 그 때에만 덕은 결과적으로도 실천에 내재하는 선을 산출할 수 있게 된다(MacIntyre, 2007: 198).

≪덕의 상실≫과 덕 전통의 부활

매킨타이어의 대표작은 1981년에 출간된 ≪덕의 상실≫이다. 여기서 매킨타이어는 아리스토텔레스적 덕 전통과 목적론적 세계상이 근대 종교개혁과 반아리스토텔레스적 과학이 등장하면서 쇠퇴한 이후 도덕성이 파편화했다고 주장한다. 흄이나 칸트와 같은 근대 도덕철학자들은 도덕성을 아리스토텔레스적 덕 전통에 의존하지 않고서 합리적으로 설명할 수 있다고 생각했으나 이들의 시도는 모두 실패했다. 매킨타이어는 아리스토텔레스적 덕 전통을 따라서 인간은 좋은 삶이라는 목적을 추구하는 존재며, 그러한 목적 추구에 적합한 인간적 성질로서 여러 덕목이 필수적이라고 주장한다. 하지만 우리의 목적론적 본성이 생물학적으로나 신학적으로 결정되어 있다는 식의 구시대적 발상과는 거리를 둔다. 매킨타이어는 덕의 역사적 다양성을 주목하면서 좋은 삶이란 역사적으로 또 사회적으로 다양할 수 있음을 십분 인정한다. 심지어 한 사회 내에서조차 개인의 처지에 따라 각자 추구할 수 있는 좋은 삶의 형태가 다를 수밖에 없음을 받아들인다. 그럼에도 매킨타이어는 선의 우선순위를 탐색하고 그에 따라 선을 추구하는 삶의 방식을 인간의 목적으로서 좋은 삶의 형태라고 본다. 그리고 이러한 삶의 형태에 적합한 인간적 성질 여럿을 중대한 삶의 덕목으로 제시한다.

≪덕의 상실≫은 거칠게 보자면 비판적 부분과 건설적 부분으로 나뉜다. 비판적 부분에서 매킨타이어는 근대 계몽주의 이후 시대를 지배한 자유주의적이고 개인주의적인 문화 그리고 그러한 문화에서 태동한 다양한 도덕철학 사조를 비판한다. 매킨타이어에 따르면 흄과 칸트의 도덕성 합리화 기획이나 정서주의도 모두 이러한 문화의 역사

적 산물이다. 또한 가치를 발명하라고 요구하면서 주관적 의지의 역량을 내세우는 니체의 사상이나 실존주의 역시 동일한 문화의 주관주의적 경향성에 따른 결과물이다. 매킨타이어는 사회적 실천·전통에 의존하지 않은 채 오로지 개인의 본성이나 능력 또는 의지로 도덕성을 설명하려는 모든 시도에 가열하게 비판적이다. 매킨타이어는 흄의 사상, 공리주의, 칸트주의, 정서주의, 니체의 사상, 실존주의 등을 모두 근대 계몽주의 문화에 속하는 도덕철학적 사조로 비판한다.

물론 ≪덕의 상실≫에서 더욱 중대한 것은 건설적 부분이다. 매킨타이어는 여러 흥미로운 이론적 발상을 곳곳에서 제시한다. 그러나 그 자신도 인정하듯이 그러한 발상은 대체로 이론적으로 완결적인 형태가 아니라 아이디어를 제시하는 스케치 수준의 형태다. 그럼에도 매킨타이어의 착상은 1980년대 이후 실천철학계에 큰 영향력을 행사했다. 특히 정치철학에서는 공동체주의가, 도덕철학에서는 덕윤리가 그러했다. 또한 인격 동일성 이론 또는 자아정체성 이론과 관련된 매킨타이어의 서사(narrative) 개념은 이른바 서사적 자아정체성 이론을 낳았다.

이 다양한 논의에서 매킨타이어가 전달하려는 메시지의 핵심은 근대 이후 상실된 덕 전통을 회복하는 것이다.

덕은 좋은 삶이라는 인간의 목적을 달성하는 데 필수적인 성향이다. 도덕 규칙은 본래 덕 개념에 의존적이다. 덕 전통에서 덕을 갖추기 위해 따라야 할 행위를 일반적으로 지시하는 계율이 근대 이래 도덕 규칙이라고 불렸다. 그러나 근대 철학자들은 덕 전통을 외면하면서 도덕 규칙을 잘 따르는 성향을 덕이라고 정의했다. 덕과 도덕 규칙의 개념적 우선순위를 역전한 셈이다. 그러면서 그들은 도덕 규칙을 정당화하려 했다. 하지만 도덕 규칙이 본래 덕 개념과 목적 개념에 의존적임을 고려한다면, 그런 시도는 애초에 가망이 없는 기획이었다고 봐야 한다. 실제로 그러한 기획의 실패가 도덕적 파국으로 드러났다고 매킨타이어는 진단한다. 그러면서 이러한 파국을 타개할 방책으로 고대·중세에 지배적이었던 덕 전통과 목적론적 전통에 다시 주목할 것을 요구한다.

이 책의 구성

1장 "도덕적 파국"은 매킨타이어의 시대 진단을 따라 오늘날 우리가 도덕적으로 어떤 처지에 놓여 있는지 보여 준다. 우리는 매일 도덕적 용어를 진지하게 사용하지만 그러한 사용을 정당화해 주던 맥락을 거의 상실했다. 한편 도덕에 관한 우리의 관념과 태도는 여전히 객관성을 추구한다. 일상을 영위하는 어느 누구도 우리가 자명한 것으로 수용하는 도덕 규칙이나 원리의 타당성·합리성을 정면으로 부정하려 하지 않는다. 그러나 도덕적 주제에 관한 논쟁이 발생하면 대립하는 두 견해의 갈등을 해결해 줄 그 어떤 확고부동한 도덕적 원리나 이론도 찾아볼 수 없다. 논쟁의 끝에서 우리는 서로의 가치관이 다름을 확인할 뿐이다. 이러한 도덕적 곤경에서 정서주의나 니체의 사상이 설득력 있는 것으로 수용되는 것은 역사적으로 그럴 법한 일이다. 그러한 사상은 곤경에 처한 도덕의 객관성과 합리성을 더는 진지하게 받아들이지 말라고 충고하기 때문이다. 그러나 이에 대해 매킨타이어는 진짜 문제는 도덕 자체가 아니라 우리 시대에 빈곤해져 버린 도덕관일 뿐이라고 응수한다.

2장의 키워드는 "계몽주의 기획의 실패"다. 우리 시대의 도덕적 파국은 어제오늘의 일이 아니다. 이미 수백 년은 된 일이다. 매킨타이어의 역사적 분석에 따르면 16~17세기경부터 도덕적 관념의 파열이 시작되었다. 그때 아리스토텔레스적 전통이 흔들렸기 때문이다. 근대 철학자들은 그러한 파열을 기민하게 읽어 냈고 대처하려 했다. 그들은 낡은 아리스토텔레스적 전통에 호소하지 않고 도덕성을 합리적으로 설명하려는 계몽적 기획에 희망을 걸었다. 그러한 기획의 산물이 흄과 칸트의 도덕철학이었다. 그러나 매킨타이어에 따르면 이는 모두 실패로 돌아갔다. 그러한 실패에 부응해 키르케고르의 실존적 결단 사상이 등장하지만, 매킨타이어에 따르면 그것은 도덕 개념이 요구하는 엄정한 권위와 어울릴 수 없었다.

3장의 키워드 "아리스토텔레스주의"는 매킨타이어가 도덕적 파국에 직면해 부활시키고자 하는 도덕철학적 이념을 가리킨다. 하지만 그것은 또한 근대 계몽주의 철학자들이 계몽의 기치하에 물리치고자 한 이념이기도 했다. 고대·중세의 아리스토텔레스주의에는 근대인이 받아들일 수 없었던 낡은 형이상학적 잔재가 깔려 있었기 때문이다. 매킨타이어는 사회적 실천이나 서사와 같은 개념을 도입해 그러한 잔재를 제거하면서도 아리스토텔레스적 전통을 회복시키는 데 힘쓴다. 매킨타이어가 보기에 계몽주의 도덕철학자들은 단순히 개인적인 철학적 역량이 부족했기 때문이 아니라 바로 그 전통의 핵심을 외면한 탓에 실패할 수밖에 없었다. 여기서 그 핵심이란 목적론과 덕론이다.

4장 "목적론"은 매킨타이어가 아리스토텔레스적 전통을 수용하면서 따르는 목적론이란 무엇인지 설명한다. 아리스토텔레스에게 인간의 목적은 '좋은 삶'이다. 그러나 목적론의 근본 문제는 도대체 '좋은 삶'을 어떻게 정의할 수 있는지다. 아리스토텔레스 자신은 대체로 공동체 속에서 돈독한 우정을 발휘하는 삶을 '좋은 삶'이라고 본 듯하다. 그러나 다른 한편으로는 영원불변하는 우주적 원리를 이론적으로 관조하는 활동이 '좋은 삶'의 핵심이라고 명시한다. 이에 반해 매킨타이어는 '좋은 삶'이 어떤 것인지 콕 짚어서 명시하지 않는다. 오히려 인간의 목적으로서 '좋은 삶'을 어떤 것이 인간에게 좋은지, 여러 좋은 것 사이에서 어떤 것이 더 우선적인지 부단히 탐구하고 그 탐구의 결과를 충실히 따르는 삶이라고만 정의한다. 그 이상으로 인간의 목적을 특정할 수는 없다. 이러한 목적론은 얼핏 공허해 보일 수 있으나 다원주의 시대에 수용될 수 있는 유일한 형태이기도 하다.

5장 "덕의 본성"은 인간이 좋은 삶이라는 목적을 구현하는 데 필수적인 자질인 덕이란 대체 무엇인지 다룬다. 여기서 곤란한 점은 시대마다, 사회마다 덕의 목록이 달랐다는 사실이다. 단순히 덕의 목록이 달랐을 뿐 아니라 덕에 관한 관념 자체가 달랐다. 역사적 고찰 방식을 따르는 매킨타이어에게 덕의 역사적 다양성은 결코 간단히 무시할 수 없는 것이다. 하지만 매킨타이어는 그러한 다양성을 관통하는 일관성을 파악할 수 있다고 본다. 그러면서 덕의 본성을 파악하기 위한 세 가지 개념을 제안한다. 실천, 서사 그리고 전통이 그것이다. 덕이 무엇인지는 바로 이 세 가지 개념을 통해서만 해명될 수 있다.

6장 "실천"은 이 가운데 첫째 개념을 개괄한다. 인간 삶은 그 전부는 아니더라도 중요한 부분이 실천 속에서 이루어진다. 매킨타이어가 말하는 실천이란 기본적으로 남들과 함께 일정한 규칙을 따라 활동하는 것이다. 하지만 단순한 놀이는 실천이 아니다. 어떤 사회적 활동이 인간에게 어떤 것이 좋은지, 나아가 어떤 목적을 추구할 만한지 알려줄 때만 실천일 수 있다. 스포츠, 예술, 학문은 실천의 대표적 사례다. 또한 공동의 선을 추구하면서 공동체를 함께 운영하는 활동도 실천이다. 매킨타이어는 이러한 실천이 부패하지 않고 지속될 수 있으려면 일련의 자질이 실천 참여자들에게 필요하다고 본다. 그 자질이란 곧 덕이다.

7장 "서사"는 덕 개념의 두 번째 무대를 설명한다. 덕 개념이 오로지 실천 개념에 따라 규정된다면 덕은 실천으로 국한되지 않는 인생 전체와 무관해지고 만다. 매킨타이어는 이러한 실천 개념의 한계를 넘어서기 위해 서사 개념을 도입한다. 매킨타이어에 따르면 누군가의 행위를 제대로 이해하려면 그 행위 일화를 그것을 포함하는 더 광범한 이야기 맥락 속으로 가져와야만 한다. 그뿐 아니라 누군가가 어떠어떠한 사람인지 그 정체성을 확인하려면 그가 살아온 인생 이야기를 들어 봐야 한다. 이러한 인생 서사 속에서 그의 삶이 좋았는지 그렇지 않았는지 판정할 수 있다. 이때 덕이란 인생 서사가 파편적으로 조각나지 않고 통일성을 확보하도록 하는 자질이다.

8장 "전통"은 덕 개념을 파악하기 위한 마지막 키워드다. 사회적 실천과 개인의 인생 서사는 모두 역사 속에서 펼쳐진다. 축구나 건축과 같은 실천에도 나름의 역사가 있다. 개인의 인생 서사는 그의 가족이나 국가의 역사를 배경으로 펼쳐진다. 따라서 좋은 삶이라는 목적을 구현하려면 그러한 역사를 통해 어떠한 종류와 방식의 실천·인생 서사가 좋았는지 검토해야 한다. (살아 있는) 전통이란 오랜 역사 속에서 좋은 실천 또는 서사로 검증된 것이다. 그래서 매킨타이어는 전통이 선의 원천이라고 본다. 또한 전통은 서사적 통일성에만 의존하는 덕 개념을 보완한다. 서사적으로 탄탄한 통일적 삶일지라도 그것이 악인의 삶일 가능성을 배제할 수 없다. 서사적으로 통일적일 뿐 아니라 전통에 대한 적절한 감각을 갖출 때만 덕을 갖출 수 있다.

9장 "책임과 도덕"은 다시 서사 개념으로 돌아간다. 아리스토텔레스에게 인간의 목적은 좋은 삶이지만, 이때의 좋은 삶은 남의 인생에 무심한 채로 자기 이익이나 쾌락만을 극대화하는 삶을 가리키지 않는다. 좋은 삶이란 도덕적으로 옳은 삶이기도 하다. 매킨타이어 역시 이를 받아들인다. 이때 중요한 개념이 서사다. 서사는 행위를 이해하기 위한 배경이다. 행위의 의도와 의미는 행위 일화를 포괄하는 이야기 속에서 이해된다. 또한 행위자는 행위와 더불어 자기 행위를 남들에게는 물론 자기 자신에게도 납득할 만하게 해명해야 할 책임을 진다. 매킨타이어에게 도덕이란 이러한 책임의 수용에서 성립한다고 볼 수 있다. 자신의 인생 서사를 남들에게 적절히 해명할 수 없다면 좋은 삶일 수도 도덕적인 삶일 수도 없다.

10장 "덕론"은 5장에서부터 이어진 덕에 관한 논의를 마무리하면서 매킨타이어가 오늘날 좋은 삶에 필수적이라고 간주하는 덕목을 총정리한다. 사회적 실천의 부패를 막는 데는 정의, 진실성, 용기의 덕이 필수적이다. 좋은 삶이 무엇인지 탐구하는 데는 지혜가 필요할 뿐 아니라 전통에 대한 적절한 감각이 필수적이다. 주어진 상황에서 좋은 행위를 선별하려는 행위자에게는 판단력은 물론 자신이 어떤 사람인지에 대한 앎(자기 지식)도 필요하다. 끝으로 인생 서사의 통일성에는 지조와 온전성의 덕이 필수적이다. 이 모든 덕목은 좋은 삶을 일구기 위한 노력에 필수적이다. 그러나 물론 이것들이 전부는 아닐 것이다. 또한 각각이 얼마나 중요한 덕인지에 대해, 그리고 매킨타이어가 언급하지는 않았으나 그 못지않게 중대한 덕이 있는지에 대해 추가적으로 논의할 필요가 있다. 다만 분명한 것은 매킨타이어가 덕 전통을 소환함으로써 규범 윤리학적 논의의 장에 새로운 활력을 불어넣었다는 점이다.

참고문헌

루이스 포이만·제임스 피저 지음, 류지한·조현아·김상돈 옮김(2019). ≪윤리학: 옳고 그름의 발견≫. 울력.

MacIntyre, A.(1966). *A Short History of Ethics: A History of Moral Philosophy from the Homeric Age to the Twentieth Century*. Macmillan. 김민철 옮김(2004). ≪윤리의 역사, 도덕의 이론≫. 철학과현실사.

MacIntyre, A.(2007). *After Virtue: A Study in Moral Theory*. Notre Dame, Ind.: University of Notre Dame Press.

Solomon, D.(2003). MacIntyre and Contemporary Moral Philosophy. In Murphy, M. C.(ed.). *Alasdair MacIntyre*, pp. 114-151. Cambridge: Cambridge University Press.

차례

일러두기

- 인명, 작품명, 저서명, 개념어 등은 한글과 함께 괄호 안에 해당 국가의 원어를 병기했습니다.
- 외래어 표기는 현행 어문규정의 외래어표기법을 따랐습니다.

01
도덕적 파국

매킨타이어는 오늘날 우리 시대가 도덕적 파국에 처해 있으면서도 그 파국을 인지하지 못한다고 진단한다. 이러한 현재 상황을 깨닫게 하고자 과학적 파국의 시나리오를 비유로 제시한다. 한두 세기 전에 모종의 이유로 과학자들은 사회로부터 추방당하고 과학 이론과 실험 결과가 담긴 책과 논문은 물론 실험 장비까지 거의 모두 불태워졌다. 하지만 시간이 흐르면서 사람들은 다시 과학의 필요성을 확인하고 과학을 재건하려 시도한다. 다시 학교에서 과학을 가르치고 연구실에서 실험을 진행한다. 과학자들은 자신만의 이론을 세우고 연구 결과를 발표한다. 하지만 어느 누구도 자신이 진정으로 과학을 한다는 확신이 없다.

파국 현상

학생들은 그저 주기율표를 암송할 따름이고 과학자들은 각자의 견해를 내세우며 논쟁할 뿐 어떠한 합의된 이론도 내놓지 못한다. 이들이 수중에 지닌 과학의 원천은 파편에 불과하다. 그들은 여전히 이전처럼 '원소', '질량', '속도' 등과 같은 과학의 용어를 사용하지만, 이러한 용어들이 의미를 지니게 하는 맥락과 토대는 실종된 상태다. 과학자들은 자신이 여전히 진지하게 진리를 탐구한다고 자임하지만, 한 발짝 물러나 생각해 보면 과학에 대한 주관주의적 견해가 자연스럽게 설득력을 얻고 있음을 알 수 있다.

매킨타이어는 과학이 아니라 도덕과 관련해 우리의 처지가 정확히 이와 같다고 주장한다. 우리는 한편으로 도덕 교육을 중시하고 도덕의 합리성을 지지한다. 어느 학교 편제에서나 어린 시절부터 '바른 생활'을 배운다. '폭력은 나쁘다', '도둑질하면 안 된다'와 같은 도덕 규칙은 주관의 견해마다 진리인지 아닌지 달라질 수 있는 것이 아니라 객관적인 것이라고 너무도 당연히 가정된다. 그러나 다른 한편으로 우리는 도덕적 불일치를 어디서나 쉽게 목격한다. 낙태, 사형 제도, 대입 제도 등 숱한 사회적 문제에서 찬반양론을 발견한다. 논증을 통해 어느 한쪽의 입장을 무력화하기란 불가능해 보인다. 이러한 논쟁 역시 한 발짝 물러나 지켜보면 도덕이라는 문제에서 과연 합리적 일치가 가능할지에 대한 의문이 자연스럽게 생긴다. 요컨대 명시적으로는 도덕의 객관성과 합리성을 옹호하면서도 그 뒤편에서는 도덕의 자의성과 상대성에 대한 의혹이 솟아나지 않을 수 없다.

앞서 제시한 가상의 시나리오에서 과학적 용어들은 그것들이 의미를 지닐 수 있게 지탱해 주는 기틀을 상실했다. 그래서 어느 누구도 그 용어들을 합리적으로 사용할 수 없다. 매킨타이어는 오늘날 우리가 사용하는 도덕적 용어들이 마찬가지의 처지에 있다고 본다. 우리 시대는 그와 같은 용어들을 지탱해 주던 도덕적 기틀을 상실했다. 그 대신 그 파편만을 붙들고 있다. 그러면서 여전히 도덕규범을 진지하게 수용하고자 한다. 매킨타이어가 보기에 여기에 커다란 괴리가 있다. 덕, 선, 권리, 의무, 규범과 같은 용어들은 오늘날 광범하게 쓰이고 결코 주관적인 것에 불과하다고 여겨지지 않는다. 하지만 그것들의 적합한 사용을 보장해 주던 토대 또는 뼈대가 실종되었기 때문에 어느 사용자도 그것들을 사용해 객관적이거나 합리적인 결론에 이를 수 없다.

정서주의 유행

매킨타이어는 자신의 주장이 대단히 과격하고 커다란 주장임을 잘 안다. 하지만 정서주의가 도덕 이론으로서 유행하는 현실이 자신의 주장을 뒷받침한다고 본다.

정서주의는 20세기 초 논리실증주의자 앨프리드 줄스 에이어(Alfred Jules Ayer)가 피력하고 이후 찰스 레슬리 스티븐슨(Charles Leslie Stevenson)이 발전시킨 견해다. 정서주의에 따르면 사실 판단과 도덕 판단은 날카롭게 구별된다. 사실 판단은 참 또는 거짓 둘 중 하나의 값을 갖기 때문에 합리적 주체들 사이에서 의견 합일이 이루어질 수밖에 없다. 하지만 도덕적 발언은 기본적으로 ㉠ 화자의 주관적 감정을 표현하는 것일 뿐이다. 아울러 ㉡ 그 표현을 통해 다른 사람의 행동에 영향을 미치려는 것이다. 이를테면 '살인은 나쁘다'라는 발언은 ㉠ 살인이라는 행동에 대한 화자의 거부감을 표현하고 ㉡ 이로써 청자도 유사한 감정을 갖게 하려는 태도를 표출하는 것과 다름없다(에이어, 2010: 162-163). 이러한 견해에 따르면 도덕적 불일치가 첨예하게 불거지는 것에 대해서는 걱정할 필요가 없다. 도덕적 판단은 본래 각자의 주관적 정서나 선호를 표현하는 것으로, 사람마다 달라질 수 있는 것이기 때문이다. 도덕적 불일치는 외려 도덕적 판단의 주관적 본성에 꼭 들어맞는 일이다. 도덕적 불일치에서 사람들이 자신의 주장을 최대한 논리적인 형식으로 전달하려는 것도 자신의 주관적 선호와 감정을 은폐하면서 상대방에게 자기 뜻을 관철하기 위함이다.

통상 정서주의는 도덕적 판단의 '의미'에 대한 이론으로 이해된다. 정서주의는 도덕적 판단이 곧 화자의 정서 표현이므로 그것이 진술문이 아니라 감탄문과 같다고 말한다. 이렇게 이해하면 정서주의는 도덕의 불변적 본성에 대한 입장인 셈이다. 매킨타이어는 이러한 정서주의가 틀렸다고 본다. '살인은 나쁘다'와 같은 판단은 단순히 화자의 감정 표현을 의미하지 않는다. 매킨타이어는 서구 윤리학의 오랜 전통에 따라 도덕적 판단이란 본래 실천적 합리성의 소산으로서 참이거나 거짓일 수 있다고 본다. 반면 그것이 순전한 감정 표현이라면 거기에는 아무런 합리성도, 아무런 참 또는 거짓의 가능성도 있을 수 없을 것이다.

그런데 매킨타이어는 정서주의를 도덕적 판단의 '의미'가 아니라 '기능'에 대한 이론으로 해석한다면 그것이 작금의 시대에 아주 그럴듯한 이론이 될 수 있다고 본다. 매킨타이어의 시대 진단에 따르면 오늘날 우리는 도덕의 역사적 원천을 잃었고 단지 그 파편들만을 붙들고 있다. 즉 도덕에 대한 객관적이고 합리적인 주장을 펼 수 있는 능력을 상실했다. 그럼에도 그 도덕의 잔재를 여전히 진지하게 쥐고 있기 때문에 도덕적 어휘를 객관적이고 합리적으로 사용한다고 자부하고 그리할 것을 서로에게 종용한다. 그러나 실상을 보면 우리는 자신의 주관적 선호를 표현하면서 거기에 객관적 외피를 덧입힐 따름이다. 도덕적 발언은 도덕을 정당화하지 못하는 자신의 처지를 위장하기 위한 교묘한 도구다.

이처럼 오늘날 사람들은 자신의 주관적 선호와 감정을 표현하고 이로써 남들의 태도에 영향력을 행사하기 위해 도덕적 언어를 사용한다. 정서주의는 현대인들이 도덕적 언어를 어떻게 사용하는지 관찰해 보고하는 이론으로 이해될 수 있다. 매킨타이어는 이때 그 이론이 현대인들의 도덕적 곤경을 적절히 묘사하는 셈이라고 본다. 현대인들은 실제로 도덕의 역사적 원천과 기틀을 상실해 도덕적 합리화 능력을 갖추지 못한 처지에 놓여 있기 때문이다.

니체

정서주의가 20세기 초 영미권의 분석철학계에서 등장한

이론이라면, 19세기 말 유럽의 대륙철학계에서 유사한 역할을 맡은 이론이 있다. 니체의 도덕 계보학이 그것이다. 매킨타이어에 따르면 니체의 계보학 역시 도덕의 파국이라는 현재의 역사적 조건에 대한 자화상으로 이해될 수 있다.

니체는 ≪도덕의 계보(Zur Genealogie der Moral)≫에서 우리가 사용하는 도덕적 어휘들의 역사적 근원과 변천사를 추적한다(니체, 2023: 33ff.). 니체에 따르면 오늘날 우리가 '선하다' 또는 '착하다'라는 도덕적 의미를 담아 사용하는 '좋다(gut, good)'는 본래 고대 귀족과 전사들이 자신들의 고귀함과 강함을 표현하기 위해 사용한 낱말이었다. 그들은 자기 신분에 걸맞은 우위, 우월함, 강력함 따위에 대해 '좋다'고, 자기 신분과 반대되는 평민이나 노예들의 낮은 신분, 궁핍함, 더러움, 비굴함, 무능 등에 대해 '나쁘다'고 말했다. 그런데 유대교와 기독교의 문명이 서구 역사를 잠식하면서 두 용어의 의미가 전복되었다. 강한 자들에 대한 억눌린 분노를 지닌 약한 자들은 유대-기독교의 권세를 등에 업고서 이제 거꾸로 강자들이 자기 힘을 거침없이 행사하는 행태에 대해 '나쁘다', '악하다'고 말한다. 또한 자신의 약한 처지와 그에 어울리는 행태에 대해 '좋다', '선하다'고 말한다. 니체는 이러한 전복된 의미가 오늘날까지 계승되고 있다고 주장한다.

니체는 이러한 계보를 추적하면서 도덕적 어휘의 사용 방식이 힘에의 의지를 자기 방식대로 관철하려는 은밀한 시도임을 말하려 한다. 이에 따르면 현대인이 자신의 견해나 행동을 정당화하기 위해 사용하는 도덕적 어휘들에 아무런 객관적 근거가 없음은 당연하다. 그저 자신의 나약함을 은폐하기 위해 그럴듯한 도덕적 어휘로 자신을 무장하고 강자들을 음흉하게 헐뜯을 뿐이다.

물론 매킨타이어는 이러한 사상에 동조하지 않는다. 매킨타이어는 정서주의를 볼 때와 유사한 관점으로 니체를 바라본다. 니체는 현대인이 도덕적 어휘를 합리적으로 정당하게 사용할 수 없는 처지임을 누구보다 날카롭게 통찰한 사람이다. 현대인은 도덕적 곤경에 처했으면서도 이를 부정하고 계속해서 도덕적 불일치를 합리적으로 해결하려고 애쓴다. 하지만 니체는 정서주의와 마찬가지로 그러한 노력이 부질없다고 통렬하게 지적한다. 정서주의나 니체가 오늘날 유행하는 이유는 도덕적 파국이라는 작금의 현실을 무척 잘 반영하기 때문이다.

매킨타이어가 보기에 정서주의나 니체의 계보학은 도덕적 파국이라는 역사적 조건에서 자라 나오는 이론일 뿐이다. 그러한 역사적 조건에서 그 이론들은 당대인들에게 설득력을 얻고 인기를 끈다. 도덕적 판단을 합리적으로 정당화할 수 없는 곤경을 정확히 꿰뚫어 봤기 때문이다. 그러나 매킨타이어가 보기에 정서주의나 니체는 그 곤경의 의미를 확대 해석하는 잘못을 범했다. 도덕적 파국은 도덕적 기틀의 역사적 상실에 근원을 두며, 그 기틀의 재건을 통해 극복될 수 있다. 즉 도덕적 곤경은 역사적으로 한정된 사실이다. 하지만 정서주의나 니체는 도덕 자체를 주관적인 것으로 만들어 버리려 했다. 도덕적 판단이 본래 주관적 감정이나 의지의 발로에 불과하다고 주장했다. 그러나 매킨타이어가 보기에 문제는 도덕 자체가 아니라 현대인들의 역사적 무능력에 있다.

참고문헌

앨프리드 줄스 에이어 지음, 송하석 옮김(2010). ≪언어, 논리, 진리≫. 나남.

프리드리히 니체 지음, 박찬국 옮김(2023). ≪도덕의 계보≫. 아카넷.

MacIntyre, A.(2007). *After Virtue: A Study in Moral Theory*. Notre Dame, Ind.: University of Notre Dame Press.

02
계몽주의 기획의 실패

현재의 도덕적 파국은 지난 수백 년에 걸친 역사 현상이다. 고대 그리스에 건립된 도덕적 기틀은 중세에 기독교적 재해석을 통해 계승되었다. 그러나 16~17세기 종교개혁과 반아리스토텔레스적 과학은 더는 고전적인 도덕적 기틀을 신봉할 수 없게 만들었다. 매킨타이어는 이때부터 도덕적 파국이 서서히 시작되었다고 본다. 매킨타이어에 따르면 18세기 계몽주의 철학은 그러한 파국에 직면해 도덕성을 합리적으로 정당화하려는 시도로 전개되었다. 우리는 계몽주의의 도덕성 정당화 기획이 실패한 이후의 시대를 살고 있다.

흄과 칸트

매킨타이어는 근대 계몽주의 역사에서 도덕성을 정당화하려 한 두 대표적 기획을 흄과 칸트에게서 발견한다. 흄이 욕구와 정념에 호소해 도덕 규칙을 설명하고자 했다면, 칸트는 이성에 입각해 동일한 작업을 해내려 했다.

흄은 ≪인간본성론(A Treatise of Human Nature)≫(1740)과 ≪도덕 원리에 관한 탐구(An Enquiry Concerning the Principles of Morals)≫(1751)에서 정념에 기초한 도덕철학을 제시한다. "이성은 정념의 노예이고 또 노예여야만 한다."(흄, 2019: 452) 흄의 유명한 견해에 따르면 이성은 행위의 원천일 수 없다. 행위의 원천은 언제나 정념이다. 사람들은 언제나 어떤 종류의 행위가 자신에게 쾌락을 가져오기에 행하고 어떤 종류의 행위가 자신에게 고통을 가져오기에 피한다. 또한 남이 행하는 어떤 종류의 행위를 바라볼 때 흐뭇한 감정(이 자체가 일종의 쾌락이다)을 느끼면 승인하고 불쾌감(이 자체가 일종의 고통이다)을 느끼면 불허한다. 흄은 인간사의 복잡다단한 도덕 규칙이 궁극적으로 모두 이러한 인간의 정념적 본성에서 발원한다고 주장한다. 도덕 규칙이란 정념이 수립한 목적을 달성하는 데 유용한 규칙이다.

매킨타이어는 이러한 흄의 도덕철학에 두 가지 중대한 비판을 가한다. 우선 흄은 욕구와 정념에 호소해 도덕 규칙을 설명할 때 은연중에 사회적으로 용인되는 '합리적인' 정상인의 욕구와 정념을 가정한다. 만일 그 대신 사이코패스 범죄자를 비롯한 비정상인의 욕구와 정념에 얼마나 유용한지를 기준으로 행위의 규칙 목록을 이끌어 낸다면 그 목록은 우리가 받아들이는 도덕 규칙의 목록과 정반대에 가까울 정도로 다를 수 있다. 어떤 욕구와 정념이 금지되어야 하고 어떤 욕구와 정념이 적법한지에 관해 흄은 설명되어야 할 도덕관념을 미리 가정하는 셈이다.

아울러 흄은 규칙 준수의 의무와 관련해 두 저작에서 상반된 견해를 제시한다. 어떤 행위 규칙이 대체로 정념과 욕구에 유익하더라도 이따금 유익하지 않을 수 있다. 예컨대 '약속을 지켜야 한다'와 같은 도덕 규칙이 이따금 욕구에 커다란 걸림돌이 될 수 있다. ≪인간본성론≫에 따르면 이 경우 그 규칙을 따라야 할 아무런 이유도 없다. 그런데 흄은 ≪도덕 원리에 관한 탐구≫에서는 그런 경우에 규칙을 위반하는 것을 허용하지 않는다. 흄에 따르면 우리는 공감이라는 이타적 본성을 지니기 때문에 타인에게 손해를 일으키면서까지 자기 이익을 챙길 수 없다. 하지만 매킨타이어는 공감이란 급조된 발명품에 불과하다고 지적한다.

매킨타이어에 따르면 흄은 기회주의적 규칙 위반을 용인할 수 없다는 보수적 도덕관을 가졌음에도 도덕 규칙을 상황에 따라 변하는 욕구와 감정으로부터 끌어내고자 했다. 사실 이 두 가지는 도저히 양립할 수 없다. 매킨타이어는 흄이 이 둘의 괴리를 메우고자 공감이라는 철학적 허구를 끌어들였다고 비판한다.

정념에 호소해 도덕 규칙을 정당화하려는 흄의 기획이 실패로 돌아가는 것을 목격한 칸트는 다시 이성에 호소하는 기획을 제시한다. 이처럼 매킨타이어는 칸트의 기획이 흄의 기획의 역사적 실패에 대한 대응이었다고 본다.

칸트는 ≪윤리형이상학 정초(Grundlegung zur Metaphysik der Sitten)≫(1785)에서 순수 이성에 의거해 도덕 규칙을 정당화하려는 기획을 제시한다. 여기서 순수 이성은 흄이 생각했던 이성 개념, 곧 정념과 욕구에 봉사하는 이성과 대조되는 개념이다. 칸트는 우리의 이성이 많은 경우 정념과 욕구에 봉사함을 인정한다. 하지만 그때의 이성은 사적 이익과 결탁한다. 반면 도덕성은 그러한 사적 결탁에서 벗어난, 곧 순수한 이성에서 성립한다. 따라서 순수 이성은 이성적 본성을 지닌 모든 존재자에게 동일할 수밖에 없다. 그 결과 순수 이성에서 성립하는 도덕 규칙도 모든 이성적 존재자에게 동일할 수밖에 없다. 이로써 칸트는 어떠한 행위 규칙이 도덕적으로 정당한지 심사할 수 있다고 보았다. 즉 어떤 행위 규칙에 대해 모든 이성적 존재자가 동일하게 그것을 준수하기를 원할 수 있는지 따져 보고 거기에 어떠한 비일관성도 발생하지 않을 때만 그 규칙이 도덕적으로 정당화된다고 주장했다(칸트, 2005: 94ff.).

매킨타이어는 이러한 칸트의 기획에 대략 두 가지 비판을 가한다. 우선 칸트는 "악명 높게 나쁜 논증"(MacIntyre, 2007: 45)을 구사한다. 가령 칸트는 '자살하지 말라'가 자신의 도덕 규칙 심사를 통과하지 못한다고 여긴다. 고통에 대한 전망이 행복에 대한 전망을 압도하기 때문에 자살하려는 사람의 행위 규칙이 생명 충동과 모순된다는 것이다. 그러나 매킨타이어는 이 논증이 '항상 머리를 짧게 잘라라'라는 규칙을 원하는 사람의 의지가 머리의 성장 충동과 모순되기 때문에 비일관적이라고 말하는 것과 비슷한 수준의 논증이라고 비꼰다.

더욱 심각한 문제는 칸트의 심사 방식이 비도덕적 규칙이나 도덕과 무관한 규칙까지도 허용한다는 것이다. 매킨타이어는 가령 '전 생애에서 단 한 번만 빼고 약속을 지켜라', '거짓된 종교적 믿음을 지닌 모든 이를 박해하라', '3월의 월요일에는 항상 홍합을 먹어라' 등은 일관되게 보편화될 수 있기 때문에 칸트의 심사를 얼마든지 통과할 수 있다고 본다. 심지어 '나를 제외한 모든 이가 수단으로 취급되도록 하라'라는 규칙조차 그것을 보편화하는 데 비일관적일 것은 없다고 비판한다(MacIntyre, 2007: 46). 이처럼 칸트의 도덕 규칙 심사가 느슨하다는 비판은 매킨타이어 외 학자들에게서도 곧잘 제기된다(Schönecker & Wood, 2015: 139-141). 그러나 칸트의 입장에서 그러한 비판에 응수하는 시도도 있음을 함께 고려해야 할 것이다(가이어, 2019: 144ff.).

키르케고르

칸트는 순수 이성을 통해 도덕성을 구출하고자 했다. 키르케고르는 이러한 칸트의 기획이 좌초된 것을 목격한다. 이제 키르케고르에게 도덕성이란 각자의 선택과 결단의 문제가 된다.

≪이것이냐, 저것이냐(Enten-Eller)≫(1843)에서 키르케고르는 독특한 저술 방식을 선보인다. 키르케고르는 빅토르 에레미타(Victor Eremita)라는 가상의 편집자를 전면에 내세운다. 책의 내용은 에레미타가 어느 집 책상 서랍에서 발견한 일기와 편지 등 문서 꾸러미에 담긴 것이라고

언급된다. 에레미타는 1부의 주인공을 A라고 부른다. A는 순진한 여인을 유혹하는 것을 즐기는 인물이다. 그때그때의 쾌락에 충실한 심미주의적 삶의 전형이다. 아무리 지루한 상황에서도 즐길 거리를 찾아내고야 만다. 한편 2부는 판사 B(빌헬름)가 A에게 보내는 편지 형식으로 구성된다. 판사 B는 윤리적 삶의 대변자다. 그는 A에게 삶의 양식을 전반적으로 재고하라고 윤리적으로 요청한다. 이리저리 여러 체험을 즉각적으로 옮겨 다니는 심미주의적 삶과 반대로 윤리적 삶은 약속과 책임 그리고 의무의 준수를 중시한다. 심미주의적 삶의 전형이 언제 떠날지 모르는 낭만적 사랑꾼이라면, 윤리적 삶의 전형은 결혼의 서약에 충실한 배우자다.

매킨타이어는 키르케고르가 이러한 저술 구성 방식을 통해 심미주의적 삶과 윤리적 삶 가운데 어느 삶을 선택해야 할지의 문제를 독자에게 열어 두었다고 해석한다. 저자는 그 문제에 대한 정답을 갖고 있지 않다. 두 삶의 양식은 어떤 의미에서 대등한 선택지다. 어느 삶의 양식을 선택해야만 할 합리적 이유 같은 것은 존재하지 않는다. 이미 한 양식의 삶을 살아가고 있는 사람에게는 그 삶을 살아갈 이유가 여럿 있겠지만, 두 양식의 삶 바깥에 선 사람에게 하나를 선택하도록 종용할 수 있는 이유는 없다. 매킨타이어의 해석에 따르면 키르케고르는 이 중차대한 '이것이냐, 저것이냐'의 문제에 각 실존의 결단만이 답할 수 있을 뿐이라고 본다. 다른 삶의 양식으로의 이행은 합리적으로 설명될 수 없는 실존의 도약이다.

매킨타이어의 이러한 해석은 논쟁의 여지가 있다. 과연 키르케고르의 궁극적 견해가 어느 한 삶의 양식으로 기울지 않았는지에 대해서는 다른 해석이 가능할 것이다(카푸토, 2008: 67 참조). 그러나 적어도 ≪이것이냐, 저것이냐≫만 놓고 보면 키르케고르가 심미주의적 삶과 윤리적 삶을 선택 가능한 삶의 두 대등한 양식처럼 제시했고, 어느 삶을 선택해야만 할 합리적 이유를 제시하지 않았다는 해석은 그럴듯해 보인다.

매킨타이어는 키르케고르의 입장에 대해 선택 가능성이라는 개념과 윤리적인 것이라는 개념이 결코 어울릴 수 없다고 비판한다. 윤리적인 것이라는 개념은 각자의 선호에 따라 선택하면 그만일 수 없는 특별한 권위를 함축한다. 이러한 권위의 부정은 그 자체로 윤리 개념을 파괴한다. 따라서 두 삶의 양식이 대등한 선택지라는 발상은 사실상 윤리 개념의 파괴를 동반할 수밖에 없다.

실패의 역사적 필연성

흄의 기획이 실패한 곳에서 칸트의 도덕철학이 탄생했다. 흄과 칸트의 계몽주의적 도덕철학 모두가 좌초한 곳에서 키르케고르의 철학이 탄생했다. 흄은 도덕성이 정념의 산물이거나 이성의 산물이어야 하지만, 이성은 홀로 행동을 이끌 힘이 없으므로 도덕성이 결국 정념의 산물일 수밖에 없다고 보았다. 이러한 생각에 기반한 흄의 기획이 실패로 돌아가는 것을 목도하면서 칸트는 도덕성을 순수 이성의 산물로 정당화하려 시도하지 않을 수 없었다. 칸트의 기획마저 실패로 돌아가자, 키르케고르는 결국 도덕성을 각자의 선택과 결단의 문제로 간주할 수밖에 없었다.

매킨타이어는 18세기와 19세기의 도덕철학사를 훑어보면서 도덕 규칙을 합리적으로 정당화하려는 시도가 모두 실패했다고 결론지었다. 하지만 이러한 실패가 철학자들 개개인의 역량 부족 탓은 아니었다고 강조한다. 저 가상의 시나리오에서 과학자들이 실패할 수밖에 없었던 것처럼 이들의 실패는 역사상 필연적이었다. 그들은 도덕 규칙의 의미와 정당성을 지탱하던 고전적인 도덕적 기틀이 와해하던 시대를 살았다. 그들의 도덕철학적 목표는 더는 시대에 맞지 않는 듯한 그 기틀에 의존하지 않으면서도 도덕 규칙을 적법한 것으로 설명해 내는 것이었다. 그러나 바로 그 기틀이 도덕 규칙의 가능성을 지탱할 수 있는 유일한 것이었기 때문에 그들의 기획은 실패할 수밖에 없었다는 것이 매킨타이어의 주장이다.

참고문헌

데이비드 흄 지음, 김성숙 옮김(2019). ≪인간이란 무엇인가≫. 동서문화사.

이마누엘 칸트 지음, 백종현 옮김(2005). ≪윤리형이상학 정초≫. 아카넷.

존 D. 카푸토 지음, 임규정 옮김(2008). ≪How to Read 키르케고르≫. 웅진지식하우스.

폴 가이어 지음, 김성호 옮김(2019). ≪칸트의 『도덕 형이상학 정초』 입문≫. 서광사.

MacIntyre, A.(2007). *After Virtue: A Study in Moral Theory*. Notre Dame, Ind.: University of Notre Dame Press.

Schönecker, D. & Wood, A. W.(2015). *Immanuel Kant's Groundwork for the Metaphysics of Morals: A Commentary*. Walker, N.(trans.). Cambridge, MA: Harvard University Press.

03
아리스토텔레스주의

도덕성을 합리적으로 정당화하려는 근대 철학자들의 시도가 실패한 것은 그들의 개인적 잘못이 아니었다. 매킨타이어에 따르면 실패는 불가피했다. 근대 철학자들이 도덕성에 의미를 부여해 주던 맥락이 상실된 시대에 살았기 때문이다. 바로 그 맥락, 즉 '고전적인 도덕적 기틀'은 아리스토텔레스의 윤리학에서 발달한 목적론적 도식을 가리킨다. 매킨타이어는 목적론적 도식의 윤리적 필요성을 통찰하라고 우리에게 강력히 요구한다. 이처럼 목적론을 제시할 때 매킨타이어는 기본적으로 아리스토텔레스주의를 따른다.

목적론적 도식

고대 그리스 사회와 중세 사회가 도덕성을 탄탄하게 견지할 수 있었던 것은 목적론적 도식이 그것에 의미를 부여하는 맥락으로서 제대로 자리 잡고 있었기 때문이다.

매킨타이어는 아리스토텔레스를 따라서 목적론적 도식이 삼중 구조로 이루어진다고 본다. 첫째는 현재 사람들 대다수에게서 발견되는 우연적인 본성의 상태고, 둘째는 그 기본적 본성 상태와 충돌하기 쉬운 도덕적 계율이며, 셋째는 인간의 텔로스(목적)를 실현한 상태의 고차적 본성이다. 근대 계몽주의 기획에서 문제가 되었던 도덕 규칙, 곧 도덕적 계율은 이러한 목적론적 도식에서 기본적인 본성 상태를 완성도 높은 본성 상태로 끌어올리는 데 그 의미가 있다. 세 계기는 서로를 지탱하고 전제하면서 목적론적 도식 전체를 구성한다.

아리스토텔레스에게 윤리학이란 이런저런 범상한 우연한 처지에서 텔로스 즉 목적을 실현한 이상적 상태로 이행할 방법을 가르치는 학문이다. 본래 계율은 덕을 명하고 악덕을 금하는 행위 규범이다. 덕은 인간의 목적을 달성하는 데 필수적인 성향이다. 계율 개념이 이러한 덕 개념에 의존하는 것이지 덕 개념이 계율 개념에 의존하는 것이 아니다.

계율을 체득함으로써 인간은 덕을 쌓아 인간의 참된 본성인 목적을 실현할 수 있다. 도덕적 계율은 날것 그대로의 인간 본성을 교정하고 훈육해 본질적 인간 본성이라는 목적에 다다르게 한다는 목적론적 도식에서 발원한 것이다. 따라서 도덕적 계율은 그러한 참된 본성을 가정하지 않으면 의미를 상실한다.

매킨타이어의 역사적·철학적 분석에 따르면 기독교가 세속 사회에 미치는 영향력이 줄어들고 반아리스토텔레스적인 과학이 발달하면서 인간은 생물학적 또는 신학적 본성에 따라서 그 목적이 정해져 있다는 식의 믿음이 더는 견지될 수 없었다. 그 결과 목적론적 도식의 셋째 계기가 떨어져 나갔다. 그럼에도 근대의 도덕 규칙은 기독교의 도덕적 계율을 거의 그대로 계승했다. 흄이나 칸트는 첫째 계기, 즉 지금 이대로의 인간 본성적 상태에서 바로 도덕 규칙을 설명하고자 했다. 그러나 도덕성을 이루는 그 규칙들은 사실 첫째 계기에서 인간의 완성적 상태라는 셋째 계기로 이행하기 위한 다리였다. 셋째 계기 없이 도덕 규칙은 제대로 된 의미를 가질 수 없었다. 이렇게 보면 근대 도덕철학자들의 기획이 실패할 수밖에 없었음은 자명하다.

매킨타이어는 아리스토텔레스에게서 생물학적 형이상학을 본다. 다소 논쟁적으로 보이는(Gaita, 1983: 419-421

참조) 매킨타이어의 해석에 따르면 아리스토텔레스 윤리학에는 생물학적 본성에 따라 인간이라는 종의 텔로스가 정해진다는 믿음이 깔려 있다. 또한 중세 기독교에서는 인간의 이상적 본성이 신학적 형이상학에 따라 파악된다. 즉 전지전능한 유일신의 창조로부터 인간의 텔로스가 확정된다. 유일신을 충실히 섬기는 데서 얻는 지복만이 인간의 목적이다. 요컨대 아리스토텔레스 윤리학과 기독교에서 목적론적 도식은 생물학적 또는 신학적 형이상학으로 채색되어 있었다.

근대 이후의 철학자로서 매킨타이어 역시 흄이나 칸트와 마찬가지로 생물학적 또는 신학적 형이상학을 받아들이지 않는다. 그럼에도 목적론적 도식만큼은 계승하기를 원한다. 결국 생물학적이거나 신학적이지 않은 방식으로 목적론적 도식을 재건하는 것이 매킨타이어의 과제인 셈이다. 거칠게 말해 매킨타이어는 사회적인 형태의 목적론적 도식에서 그 대안을 찾는다(MacIntyre, 2007: 196f.).

존재-당위 문제와 기능 개념

매킨타이어는 흄에게서 비롯해 오늘날까지도 철학자들을

지배하는 이른바 존재-당위 문제도 아리스토텔레스적인 목적론적 도식 그리고 그것에 함축된 인간에 대한 기능 개념이 역사적으로 상실된 탓에 불거졌다고 본다.

흄은 '~이다'(존재)에서 '~해야 한다'(당위)로의 추론이 불가능하다고 주장했다(흄, 2019: 507-508). 이러한 주장은 사실 판단과 가치 판단(또는 도덕 판단) 사이에 확고한 경계선을 그었다. 즉 흄에 따르면 신의 본성이 어떠하다거나 신이 우주를 어떻게 창조했다는 사실 판단으로부터 인간이 마땅히 이렇게 또는 저렇게 해야 한다는 식의 판단은 나올 수 없다. 사실에 관해서는 순전히 이성의 관찰에 따른 판정이 있을 뿐이다. 가치나 선, 도덕에 대한 판단은 논리적으로 이러한 사실 판단과는 별개의 영역에 속한다. 이러한 주장은 흄 이후에 종종 논리 법칙으로까지 격상되었다.

매킨타이어는 18세기 이후의 역사적 조건을 고려해 보면 사실 판단으로부터 가치 판단을 도출할 수 없다는 생각이 무리가 아니었다고 본다. 근대의 도덕철학자들은 고대·중세의 목적론적 도식을 계승하지 않았다. 아울러 인간에 대한 기능 개념을 활용할 수 없었다. 그러나 매킨타이어에 따르면 이러한 기능 개념에 입각할 때에만 사실 판단에서 가치 판단으로의 이행이 가능하다.

아리스토텔레스는 ≪니코마코스 윤리학≫에서 인간의 목적이 '행복(eudaimonia)'이며 그것이 최고의 좋음이라고 말한다. 또한 "피리 연주자와 조각가 그리고 모든 기술자에 대해서, 또 일반적으로 어떤 기능과 해야 할 행위가 있는 모든 사람에 대해서, 그것의 좋음과 잘함이란 기능 안에 있는 것처럼 보인다"(아리스토텔레스, 2013: 1097b25)고 말한다.

어떤 시계가 좋은 시계라는 말은 그것이 시계의 기능을 잘 수행함을 뜻한다. 이처럼 도구에 대해 사용되는 '좋음'이라는 개념은 그 도구의 기능 개념에 의존한다. 어떤 시계가 시계의 기능을 어떠어떠하게 수행한다는 '사실' 판단이 그 시계가 좋은지 나쁜지에 관한 '가치' 판단을 제공한다. 예컨대 어느 시계가 한 치의 오차도 없이 늘 정확하게 시간을 알려 준다는 사실 판단으로부터 그 시계가 좋은 시계라는 가치 판단을 도출할 수 있다.

악기 연주자도 마찬가지다. 좋은 피리 연주자는 피리 연주라는 기능 또는 역할을 잘 수행하는 사람이다. 따라서 어느 피리 연주자가 좋은지 판정하려면 그가 피리 연주자로서의 기능과 역할을 충실히 수행하는지 확인해 보면 된다.

동일한 논의가 인간의 삶에도 적용된다. 인간의 목적으로서 좋은 삶 또는 행복이 무엇인지 알려면 인간의 기능이나 역할을 먼저 살펴봐야 한다. 만일 우리가 인간의 본질적 역할을 안다면 우리는 얼마든지 그러한 역할에 대한 사실 판단 혹은 어떤 사람이 그 역할을 제대로 행하는지에 대한 사실 판단에 입각해 그가 좋은 삶을 살고 있는지, 즉 좋은 사람인지를 윤리적으로 판정할 수 있다. 여기에는 사실 판단과 도덕 판단 사이에 아무런 괴리가 없다.

아리스토텔레스의 윤리학에서 좋은 삶을 사는 사람으로서 좋은 사람이란 인간으로서의 역할을 충실히 수행하는 사람이고, 덕이란 그러한 역할 수행에 필수적인 자질이나 성향이다. 매킨타이어는 기본적으로 이러한 아리스토텔레스의 윤리학을 수용한다. 단, 이때 '인간으로서의 역할'이나 '덕'을 구체적으로 어떻게 파악할 것인가라는 중대한 문제가 남는다.

자유주의 비판

매킨타이어는 아리스토텔레스를 수용하면서 근대 계몽시대의 개인주의적이고 자유주의적인 문화에 여러 비판을 가한다. 여기서는 그중에서도 특히 아리스토텔레스의 철학에 토대를 둔 비판 한 가지를 살펴보려 한다.

계몽주의의 도덕철학은 '우리가 어떤 사람이 되어야 하는가'라는 문제를 더는 다루지 않는다. 근대 도덕철학에서 중요한 문제는 '우리가 어떤 행위 규칙을 따라야 하는가, 또 왜 그것을 따라야 하는가'다. 인간의 목적이라는 개념을 상실하면서 윤리적 문제를 바라보는 시야가 행위와 행위 규칙으로 좁혀진다. 인생 전반에 대한 반성과 같은 거시적 관점이 철학적 문제의 범위에서 벗어나게 된다. 매킨타이어가 보기에 이는 철학 자체를 빈곤하게 만든다. 그리고 이에 따라 니체의 철학이 매력을 얻는다. 아리스토텔레스처럼 니체는 도덕 규칙 같은 것이 아니라 '인생을 어떻게 살아 나가야 하는가'라는 막중한 물음을 문제 삼았기 때문이다. 인간에게 그러한 물음이 불가피함에도 근대 철학은 이러한 물음을 학문적으로 다룰 능력을 잃었다. 아리스토텔레스적 목적론이 추방되면서 이상적 인간이란 어떤 모습인지에 대한 문제도 함께 추방되었다.

이러한 철학적 문제의식의 협소화는 개인주의적이고 자유주의적인 문화의 발흥과 맞물려 있다. 자유주의 문화에서 '어떤 삶을 살아야 하는가', '좋은 삶이란 무엇인가'와 같은 문제는 공적으로 논의할 사안이 아니다. 그런 문제는 개인의 자유에 맡겨질 따름이다. 만일 공적으로 그에 대한 답변을 확정한다면 이는 개인의 자유에 대한 침해로 간주

된다. 어떠한 가치관과 목적의식에 따라 자기 인생을 살아갈지는 오로지 개인의 자유에 맡겨져야 하기 때문이다. 어느 개인도 다른 개인의 삶을 평가할 위치에 설 수 없다. 도덕 규칙이나 법규를 위반한 경우가 아니라면 말이다. 자유주의 문화에서 좋은 삶이 무엇인지에 대한 문제는 각자의 자유에 달린 사안이지 국가나 정부는 물론 학술적 논의를 통해 결정할 수 있는 사안이 아니다.

반면 아리스토텔레스의 정치학에 따르면 인간의 목적이 무엇인지 인식하고 시민들이 그러한 삶을 살아갈 수 있도록 교육하며 이를 위한 제도를 마련하는 것이야말로 정치인의 책무다. 자유주의 문화에서 이는 개인의 삶에 간섭하는 가부장적 국가관으로 비치기 쉽다. 그럼에도 매킨타이어는 기본적으로 아리스토텔레스의 견해에 동조한다. 좋은 삶이라는 인간의 목적이 무엇인지는 공적으로 논의해야만 하는 사안이다. 단, 매킨타이어는 아리스토텔레스와 달리 그 물음에 대한 답변을 확정하지 않고 열어 놓으려 한다.

참고문헌

데이비드 흄 지음, 김성숙 옮김(2019). ≪인간이란 무엇인가≫. 동서문화사.

아리스토텔레스 지음, 강상진·김재홍·이창우 옮김(2013). ≪니코마코스 윤리학≫. 길.

Gaita, R.(1983). Virtues, Human Good, and the Unity of a Life. *Inquiry, 26*(4), pp. 407–424.

MacIntyre, A.(2007). *After Virtue: A Study in Moral Theory*. Notre Dame, Ind.: University of Notre Dame Press.

04
목적론

전통적으로 목적론은 형이상학적 본성 개념을 수반했다. 이에 따르면 우주에 존재하는 모든 사물은 그 본성상 각자의 특정한 목적을 갖는다. 고전 형이상학적 목적론은 목적을 향한 운동 법칙이 우주를 지배한다고 여기면서 사물의 운동과 변화를 설명했다. 천체든, 자연계의 동식물이든, 사람이든 그것들의 변화는 기본적으로 이상적인 질서와 조화라는 목적과 관련해 설명되었다. 그러나 목적론적 본성으로 만물의 변화를 설명하는 형이상학적 목적론은 근대의 과학혁명과 더불어 거의 완전히 효력을 잃었다. 우주에 존재하는 사물은 이제 기계적인 인과를 통해 그 변화가 설명될 따름이다.

목적론 재건이라는 과제

우리는 인간의 행위에 대해서만큼은 여전히 목적론적 설명이 유효하다고 본다. 철수가 밤 11시에 옆집 문을 두들겼다면, 우리는 철수가 그렇게 행동한 의도와 목적이 있었을 것이라고 짐작한다. 즉 어떤 목적이 철수의 움직임을 일으켰으리라고 여긴다. 이러한 목적인을 철수에게 귀속하지 않는다면 우리는 그의 행위를 이해할 수 없다. 우리가 철수를 합리적 행위자라고 인정하는 한 그렇다. 물론 철수의 행위에 동반되는 신체적 동작은 아마 남김없이 기계론적으로 설명할 수 있을 것이다. 그러나 그 모든 기계론적 설명을 총합해도 늦은 밤 남의 집 문을 두들기는 행위의 의미를 이해할 수 없을 것이다. 그래서 우리는 여전히 인간 행위에 대한 목적론적 설명의 유효성을 받아들인다.

인간 '행위'에 대한 목적론적 설명의 유효성은 거의 자명하다. 그러나 인간 '존재'에 대한 목적론적 전망은 다른 문제다. 개별 행위가 아니라 전체로서 인간 존재와 인간의 삶 자체에 그것이 향해야 할 목적이 정해져 있고, 그러한 목적을 제대로 향해 나아가는 삶만이 올바른 삶이며 그러지 않는 삶은 그릇된 삶이라는 생각은 오늘날 쉽게 받아들여지지 못한다. "인간선[인간 텔로스] 관념을 기초 개념으로 취하는 윤리 이론[목적론적 윤리학]은 우리가 더는 정당화할 수 없는 규범적 '본성'과 같은 어려운 형이상학적 개념들을 전제하는 듯"(Taylor, 1994: 25)하기 때문이다. 목적론적 윤리학이 인간 본성에 관한 형이상학적 관념이라는 다분히 구시대적 유물로 보이는 관념을 불가피하게 수반한다면, 그것의 재건은 오늘날 거의 가망이 없으리라는 회의적 전망이 자연히 피어오르게 된다. 또한 누가 감히 한 인간의 삶에 목적을 정하고 그에 따라 획일적으로 인간의 삶을 재단하려 든단 말인가? 인생 설계의 자유와 다원성이 신봉되는 근대의 개인주의적이고 자유주의적인 문화에서 인간 존재에 관한 목적론적 윤리학은 받아들여지기 어렵다.

하지만 매킨타이어는 바로 그 윤리학을 재건하고자 한다. 아리스토텔레스적 전통에서 덕이란 그 소유자가 인간의 목적을 올바르게 향해 나아가도록 하는 성향이다. 매킨타이어에게서도 마찬가지다. 매킨타이어는 인간의 목적을 미래의 어느 시점에서 실현되는 내용적 목표로 특정하는 대신 인생 전체의 특수한 형식으로 파악하려 한다.

아리스토텔레스 수용

아리스토텔레스를 따라서 매킨타이어는 인간의 텔로스를 '에우다이모니아(eudaimonia)'로 이해한다. 하지만 그것을 단순히 '행복'으로 번역하는 데 주저한다. 그보다는 ≪니코마코스 윤리학≫의 한 구절을 따라 그것을 "잘 삶과 잘 행위함"(아리스토텔레스, 2013: 1098b20-22)으로 파악한다. 그리고 곧잘 번영(flourishing)이나 좋은 삶(good life)으로 번역한다.

인간은 누구나 좋은 삶을 원한다. 좋은 삶은 인간의 '본질적 욕구 대상' 또는 "최종적인 지고의 욕구 대상"(MacIntyre, 2007: 230), 즉 목적이다. 그러나 이러한 목적을 올바로 향해 근접해 나갈 수도 있고 그러지 못할 수도 있다. 목적에 올바르게 정진할수록 그 삶은 성공적이고 훌륭하며 완성된 삶이 된다. 반대로 목적을 엇나가게 향하면서 그것과 멀어질수록 그 삶은 실패하고 비참하며 모자란 삶이 된다. 목적론은 인간에게 그런 목적이 객관적으로 존재하며 그 목적을 제대로 향해 나아가는지를 판정할 객관적 기준이 있다고 보는 견해다.

목적론은 찰스 테일러(Charles Taylor)가 말했듯 "규범적 '본성'과 같은 어려운 형이상학적 개념"을 가정한다. 그러나 목적론이 우주적·신적 질서로까지 소급되는, 인간 본성에 대한 우주론적이거나 신학적인 개념을 가정해야만 하는 것은 아니다. 인간의 목적이 좋은 삶이라는 견해에는 모든 인간이 본성상 좋은 삶을 욕구하지 않을 수 없다는 가정이 들어 있나. 또한 목적론에는 모든 인간이 본성상 실천적 합리성을 지닌다는 가정이 필수적이다. 이러한 가정에는 인간의 규범적 본성이 모든 개인을 참다운 인간으로서 존재하게 한다는 형이상학적 이념이 깔려 있다. 실천적 합리성은 선의 질서를 탐구하고 추구하는 인간 고유의 능력이다. 그 능력의 실현은 개인마다 큰 폭의 정도 차를 허용하기 때문에 실천적 합리성이라는 본성은 규범적으로 이해된다. 좋은 삶을 향한 본성적 욕구를 합리적으로 충족하는 방식과 그러지 못하는 방식이 객관적으로 구별되며, 전자는 인간으로서 성공적이고 훌륭하며 완성된 삶으로 평가되는 반면 후자는 그 반대로 평가된다.

목적론 재건이라는 과제에서 어려운 점은 무엇이 좋은 삶의 핵심인지에 대해 각자 견해가 다르다는 사실이다. 영희는 인간에게 좋은 삶을 가져다줄 선의 목록에 이러이러한 것들을 집어넣고 이것이나 저것을 최고선으로 꼽지만, 철수는 그런 영희의 견해에 동의하지 않으며 다른 선의 목록과 다른 최고선 관념을 가질 수 있다.

아리스토텔레스는 ≪니코마코스 윤리학≫ 1권에서 여러 차례 인간에게서의 좋음, 곧 에우다이모니아가 "덕(arete)에 따른 영혼의 활동"으로 이루어진다고 주장한다. 그리고 그 책 전체에 걸쳐 폴리스 공동체적 관계 속에서 용기, 절제, 정의를 비롯한 여러 덕뿐 아니라 여러 지적 덕을 발휘하고 우정을 나누는 활동이 인간 삶에 얼마나 중요한지 강조한다. 하지만 10권에 이르러 아리스토텔레스는 에우다이모니아가 '고귀하고 신적인 것의 관조 활동'에서 실현된다고 명시한다. 최상의 덕으로서 지혜(sophia)의 활동인 관조야말로 에우다이모니아의 가장 완전한 실현 방식이다.

그렇다면 아리스토텔레스에게 인간의 목적은 무엇인가? 마지막 권 전까지 에우다이모니아의 핵심인 양 서술되는 폴리스 공동체적 삶과 우정인가? 아니면 비록 짧지만 애매함의 여지 없이 에우다이모니아라고 선언되는 관조인가? 매킨타이어는 이 두 해석을 모두 거부한다.

> 아리스토텔레스는 인생의 텔로스[목적]를 삶의 일종으로 여긴다. 텔로스는 미래의 어느 지점에 달성되어야 하는 어떤 것이 아니라 우리 전체 인생이 건설되는 방식이다. 텔로스인 좋은 삶이 신적인 것의 관조에서 정점에 달하고 따라서 아리

스토텔레스에게든 중세인에게든 좋은 삶이 정점을 향해 간다는 것은 사실이다. 그러나 애크릴[존 로이드 애크릴(John Lloyd Ackrill)] 같은 학자들이 옳다면, 관조의 자리에 관한 아리스토텔레스의 논의는 전체로서의 좋은 삶에 관한 논의 안에 위치하며, 그런 전체로서의 좋은 삶 안에서 [관조 외에도] 다양한 인간적 탁월함[덕]이 다양한 적절한 단계에서 성취되어야 한다.(MacIntyre, 2007: 175)

이처럼 매킨타이어는 아리스토텔레스에게 인간의 목적이란 특정한 활동이 아니라 '인생 전체가 건설되는 특정한 방식'이라고 본다. 우정이나 관조는 삶에서 결정적인 비중을 차지하는 활동이지만 '좋은 삶이 무엇으로 이루어지는가'라는 물음의 궁극적 답변은 그것들이 아니다. 우정을 기본으로 삼아 관조라는 정점을 향해 나아가는 삶의 전체적 조직 방식이 아리스토텔레스에게 인생의 궁극적 목적이다.

애크릴에 의거한 매킨타이어의 아리스토텔레스 해석이 옳은지는 여기서 논할 계제가 아니다. 더 중요한 것은 매킨타이어가 이렇게 해석한 아리스토텔레스의 목적 개념을 자신의 것으로 수용하면서 발전시킨다는 사실이다. 인생의 목적은 삶을 조직하는 특수한 형태다. 인생의 목적 개념은 삶의 어느 시점에 실현될 수 있는 여러 특수한 목표나 선과 동일시될 수 없다. 매킨타이어는 이러한 생각을 두고 "전체 인생의 선을 구성하는" "텔로스[목적]"는 "실천의 제한된 선을 초월"(MacIntyre, 2007: 203)한다고 표현한다. 이러한 접근 방식은 영희와 철수의 견해차에도 불구하고 목적론을 건립할 수 있게 하는 실마리를 제공한다.

다원주의와 공존

타인의 자유나 권리를 침해하지만 않는다면 자기 인생을 어떻게 살아 나가든 비난할 수 없다는 관념이 자유주의적 현대 문화에서 팽배하다. 남에게 직접 피해를 주지 않는다면 어떻게 살 것인지에 관한 윤리적 제약이란 있을 수 없다는 식이다. 이에 반해 목적론은 인간에게 삶의 목적이 정해져 있으며 그것을 올바르게 향해 나아가는가 그러지 않는가에 따라 각 개인의 삶이 성공적인지 그렇지 않은지 평가할 수 있다고 주장한다.

누군가는 자신의 인생 목표를 가정의 안락으로, 직업적 성공으로, 정치적 참여로, 지역 공동체의 활성화로, 인류애적 자선 활동으로 또는 신적인 것의 관조로 수립할 수 있다.

그러한 의미의 텔로스는 사람마다 자신이 처한 개별적 상황과 전통에 따라서 달라진다. 매킨타이어는 윤리학이 그러한 유한하고 특정한 텔로스에 대해 정답을 줄 수 없다고 본다. 이런 맥락에서 매킨타이어의 목적론이 "다원주의 발달의 여지를 남긴다"(Mela, 2011: 111)는 지적은 옳다. 이는 매킨타이어의 목적론이 고전 형이상학적 목적론에 비해 느슨함을 뜻한다.

하지만 이러한 느슨함에도 불구하고 매킨타이어의 목적론은 좋은 삶을 영위하기 위한 실질적 지침을 제공한다. 인생 목표는 각자 다를 수 있다. 하지만 어떠한 인생 목표도 인생 전체를 건설하는 특수한 형식 안에서 여러 다른 선과의 관계 속에 있어야 한다. 매킨타이어는 인생 전체를 건설하는 형식적 측면에서 성공적인 방식과 그렇지 못한 방식을 판별하는 객관적 규준을 제공한다. 따라서 매킨타이어의 목적론은 느슨할지언정 공허하지 않다. 그 객관적 규준의 내용은 덕에 관한 논의로 채워진다.

참고문헌

설민(2021). "덕론과 해명 책임(accountability)에 의거한 매킨타이어의 목적론". ≪철학≫, 146, 119-146쪽.

아리스토텔레스 지음, 강상진·김재홍·이창우 옮김(2013). ≪니코마코스 윤리학≫. 길.

MacIntyre, A.(2007). *After Virtue: A Study in Moral Theory.* Notre Dame, Ind.: University of Notre Dame Press.

Mela, L.(2011). MacIntyre on Personal Identity. *Public Reason, 3*(1), pp. 103-113.

Taylor, C.(1994). Justice After Virtue. In Horton, J. & Mendus, S.(eds.). *After MacIntyre: Critical Perspectives on the Work of Alasdair MacIntyre*, pp. 16-43. Cambridge: Polity Press.

05
덕의 본성

덕이란 그 소유자가 인간의 목적을 올바르게 향해 나아가도록 이끌어 주는 성향이다. 덕이 무엇인지 이해하지 못하고서 좋은 삶이란 어떠한 것인지 이해할 수는 없다. 덕을 소유해 행사하는 것이야말로 좋은 삶을 일구는 유일한 방식이다. 덕 없는 좋은 삶이란 불가능하다. 따라서 덕이 좋은 삶에 대해 갖는 의미는 단순한 수단이 아니다. 오히려 덕은 목적에 이르는 유일한 길이다. 이는 매킨타이어의 목적론이 덕론을 통해서만 구체화될 수 있음을 뜻한다.

덕과 목적의 관계

매킨타이어는 아리스토텔레스를 따라서 덕을 목적에 이르도록 해 주는 수단으로 이해할 수 있다고 보지만, 이때 '수단'이 통상적 용법과 다름에 유의해야 한다고 지적한다. 통상적 용법에서 수단과 목적은 상호 독립적으로 이해된다. 이를테면 돈 벌기가 목적이고 주식 투자가 그 수단일 때, 돈 벌기라는 개념을 이해하기 위해서 주식 투자가 무엇인지 이해할 필요는 없다. 또한 돈 벌기라는 목적을 달성할 수 있는 수단은 주식 투자 외에도 다양하다. 덕은 이러한 통상적 의미에서의 수단이 아니다.

좋은 삶을 올바로 추구하기를 원하는 사람은 덕을 소유하고 발휘하려 애쓰면 된다. 그래서 매킨타이어는 "인간에게 선을 구성하는 것은 최선으로 살아진 완전한 인생이고, 덕의 활동은 그러한 삶의 필수적이고 핵심적인 부분이지 단순히 그러한 삶을 확보하기 위한 예비적 활동이 아니"(MacIntyre, 2007: 149)라고 말한다. 따라서 인생의 목적을 올바르게 향해 나아가는 삶이 구체적으로 어떠한지 이해하는 작업의 핵심은 여러 덕목을 이해하는 데 있다.

덕 목록의 역사적 다양성

문제는 덕에 대한 통일적 개념을 획득하기가 어렵다는 점이다. 매킨타이어는 고대 그리스에서부터 오늘날에 이르기까지 덕의 목록이 계속 변천했음을 보여 준다. 시대별로 덕의 목록이 변천했을 뿐 아니라 어느 덕이 핵심적이고 어느 덕이 주변적인지에 대한 생각도 달라졌다.

먼저 매킨타이어는 기원전 8세기 그리스 사회에서 덕이 어떠했는지를 호메로스의 저작들을 통해 제시한다. 오늘날의 관점에서 가장 눈에 띄는 점은 호메로스가 체력과 같은 신체적 측면에서의 뛰어남을 덕(arete)이라고 불렀다는 것이다. 호메로스에게 탁월한 인물의 전형은 전사였다. 현대인의 눈에 달리기를 잘하는 사람이나 창을 잘 던지는 사람을 두고 유덕하다고 말하는 것은 기이해 보인다. 그럼에도 매킨타이어는 여기서 한 가지 중요한 통찰을 끌어낸다. 덕이 호메로스 시대부터 일정한 기능이나 역할과 관계하는 개념이었다는 사실이다.

아리스토텔레스의 덕 목록도 우리의 목록과 달랐다. 특히 아리스토텔레스에게 우정은 정치적이고 공적인 관계에서도 얼마든지 성립하지만 우리에게 우정은 그저 사적 관계로 한정된다. 또한 실천적 합리성은 아리스토텔레스에게 여느 성격적 덕 모두와 관계하는 핵심적 덕[프로네시스(phronesis)]이었으나, 우리에게는 목표 달성을 위한 효과적 수단을 잘 계산해 내는 영리함을 뜻할 뿐이지 유덕함의 징표와는 거리가 멀다. 아리스토텔레스의 덕 목록은 호메로스의 목록과도 달랐다. 아리스토텔레스에게 유덕함의 전형은 전사가 아니라 아테네 귀족이었다. 따라서 '큰 포부'와 '통 큼' 같이 부유하고 사회적으로 지위가 높은 귀족에게나 허용되던 덕이 아리스토텔레스에게는 중요한 덕이었다.

중세 기독교에서도 새로운 덕이 나타났다. 신약 성서에 등장하는 믿음, 소망, 사랑과 같은 덕은 아리스토텔레스를 비롯한 그리스인들에게 생소한 것이었다. 반대로 프로네시스와 같은 덕은 언급되지 않는다. 또한 아리스토텔레스가 '큰 포부'와 대조해 악덕으로 취급한 겸손이 이제 덕으로 격상된다.

매킨타이어는 덕의 변천사를 철학자의 저술에서만이 아니라 소설에서도 얼마든지 읽어 낼 수 있다고 본다. 19세기 초 영국의 소설가 제인 오스틴(Jane Austen)은 어려운 국면에서도 자신의 신념을 견지하는 덕으로서 지조(constancy)를 모든 덕의 핵심으로 간주한다. 매킨타이어에 따르면 지조는 아리스토텔레스의 프로네시스처럼 다른 모든 덕의 선결 조건이다. 또한 오스틴은 아리스토텔레스가 우호(agreeableness)의 덕이라고 인정한 성품을 온화(amiability)라는 진짜 덕의 모조품으로 간주한다. 아리스토텔레스에게 우호는 명예와 편의를 고려해 실천된다. 반면 기독교도로서 오스틴은 사람들에게 진짜 애정을 갖는 것이 중요하다고 본다.

끝으로 매킨타이어는 18세기 미국의 독립 운동가였던 벤저민 프랭클린(Benjamin Franklin)에게서 이제까지 언급한 저자들과 사뭇 결이 다른 덕을 발견한다. 프랭클린은 청결, 침묵, 근면과 같은 새로운 덕을 제시하고, 자본주의적 사회에 걸맞게 고대인들이 탐욕으로 폄하했던 물욕을 덕으로 끌어올린다.

덕 관념의 다양성

이처럼 매킨타이어는 서구 역사에서 덕의 목록이 계속 달라졌다고 지적할 뿐 아니라, 덕의 본성에 대한 각 시대 대표 저자들의 관념도 변천했다고 본다.

호메로스의 시에서 덕은 사회적 역할이 요구하는 바를 해낼 수 있게 하는 자질과 같은 것이었다. 당대 사회에서 중대한 역할이 전쟁에서 싸우거나 시합에 참여하는 것이었기에 신체적 측면의 뛰어남이 덕이라고 불릴 수 있던 것이다. 즉 사회적 역할이 요구하는 바에 관한 개념이 덕 개념에 선행한다.

아리스토텔레스에게 덕 개념은 사회적 역할 개념이 아니라 좋은 삶이라는 인간의 목적 개념에 의존적이다. 덕의 수행은 좋은 삶이라는 목적에 내재적이다. 덕과 목적은 내적으로 연관된다.

신약 성서에서도 덕 관념은 아리스토텔레스적이다. 즉 덕이란 그 성질의 수행이 인간 목적의 성취로 이끄는 것이다. 단, 그 목적이 기독교 신학에 따라서 천상에서의 지복으로 이해될 뿐이다.

끝으로 프랭클린에게서 덕 관념은 공리주의적으로 변질된다. 아리스토텔레스적 전통에서와 달리 덕은 행복을 위한 단순한 수단으로 전락한다. 원칙적으로 덕이 없더라도 행복할 수 있다. 덕과 행복의 관계는 우연적이다. 이제 덕은 세속적 성공을 얻는 데 대체로 유용한 성질 정도를 뜻하게 된다.

덕 관념의 통일성

매킨타이어는 서구 역사를 살피면서 덕의 변천을 고찰하지만, 동양의 역사까지 포함해 고찰 범위를 확대할 수 있을 것이다. 예컨대 유교 사회에는 인의예지라는 덕목이 뿌리 깊고, 불교는 보시·지계·인욕·정진·선정·반야 등을 수행할 것을 요구한다.

이처럼 시대마다, 문화마다 덕의 목록이 달랐다. 그뿐 아니라 덕의 본성에 대한 관념 자체가 달랐다. 이러한 사실은 덕에 대한 역사적 상대주의로 이어지기 쉬울 것이다. 물론 과거에 덕이 어떻게 파악되었는지와 무관하게 덕의 본성이란 이러저러한 것이라고 주장할 수도 있을 것이다. 과거의 덕 관념이 모두 다 잘못되었다고 주장하면서 말이다. 하지만 이는 매킨타이어가 취하는 태도와 거리가 멀다. 역사와 전통을 중시하는 철학자로서 매킨타이어는 기존 역사와 전통에서 덕이 어떻게 이해되었는지를 간과하지 않는다. 그러면서도 매킨타이어는 역사적 상대주의를 거부하고 덕의 통일적 본성을 파악하고자 한다. 덕의 다양성을 보여 주는 역사 속에도 통일적인 덕 관념을 얻기 위한 모종의 실마리가 있을 것이라고 여기고 그것을 탐색한다.

그리하여 매킨타이어는 덕에 관한 여러 설명을 관통하

는 공통 관념을 찾아낸다. 덕이란 "어떤 사회적·도덕적 삶의 어떤 특징들에 대한 선행적 해명에 따라서 정의되고 설명되어야 하는"(MacIntyre, 2007: 186) 개념이라는 생각이 그것이다. 이에 따르면 덕 개념은 도덕철학의 일차 개념이 아니다. 그것은 다른 개념에 의존적이다. 호메로스에게 그 다른 개념이란 사회적 역할이었고, 아리스토텔레스에게는 인간 행위의 텔로스로서 좋은 삶이었으며, 프랭클린에게는 유용성이었다.

매킨타이어는 역사적 고찰로부터 덕 개념은 그것이 이해되기 위한 배경 개념을 필요로 한다는 결론을 얻는다. 그리고 그러한 개념을 생물학적인 것이나 신학적인 것이 아니라 사회적인 것에서 찾고자 한다. 이런 맥락에서 매킨타이어의 목적론은 사회적 목적론이라고 부를 수 있다.

요컨대 매킨타이어가 덕 개념의 논리적 전개를 위해 제시하는 첫째 배경은 실천이고, 둘째 배경은 인생의 서사적 질서, 셋째 배경은 도덕적 전통이다. 실천, 서사, 전통이라는 세 개념은 순차적이다. 뒤의 개념은 앞의 개념을 전제한다. 즉 서사는 실천을, 전통은 실천과 서사를 전제한다. 또한 실천에서 제시된 덕 개념은 서사 개념과 전통 개념을 통해, 실천과 서사에서 제시된 덕 개념은 다시 전통 개념을 통해 교정되고 발전한다고 이해해야 한다.

참고문헌

MacIntyre, A.(2007). *After Virtue: A Study in Moral Theory.* Notre Dame, Ind.: University of Notre Dame Press.

06
실천

덕이 드러나는 첫 번째 무대는 실천이다. 실천은 사회적 협동 활동의 한 형태다. 여기서 매킨타이어는 고대 그리스 사상가들에게 의지한다. 호메로스에게 덕 또는 탁월성은 전쟁이나 시합, 가정 살림, 회합에서의 토론, 이야기 전달과 같은 사회적 실천에서 뛰어남을 뜻했다. 아리스토텔레스 역시 탁월한 인간 활동의 예시로 피리 연주나 전쟁, 기하학과 같은 실천을 자주 언급했다.

사회적 활동 형태로서 실천

매킨타이어는 실천을 설명할 때 고대 그리스 사상가들에게 의지하지만, 단순히 그들의 견해를 반복하지는 않는다. 자신이 말하는 실천(practice)이 일상적 의미와는 다르다고 강조하며 무척 정교한 정의를 제시한다. 이 정의는 크게 세 부분으로 나누어 분석할 수 있다.

첫째, 실천은 사회적으로 확립된 협동적 활동으로서 정합적이고 복합적인 형식을 갖는다. 여기서 '협동'을 활동의 참여자들이 서로 돕는다는 적극적 의미로 해석할 필요는 없다. 협동은 각자가 실천 목표를 따로 추구하면서 공동의 규칙을 함께 준수하는 한 실천 공동체에 속하는 것 정도를 의미한다. 관조나 명상과 같이 혼자 하는 활동은 실천이 아니다.

둘째, 실천 활동에는 고유한 선이 있다. 실천 활동을 하며 탁월한 수준에 도달하려 애쓰는 과정에서 그 선을 실현하게 된다. 곧 상론할 바와 같이 매킨타이어는 실천에 내재적인 선과 외재적인 선을 구별하고 이러한 구별을 덕 개념 정립에서 중요하게 활용한다.

셋째, 실천 활동의 결과로 탁월함을 성취하는 능력뿐 아니라 인간에게 어떤 목적과 어떤 선이 중요한지에 대한 관념도 체계적으로 발달한다. 실천을 추구하면서 인간은 어떤 것들이 인간의 삶에서 중대한 목적이고 어떤 것들이 진정 추구할 만한 선인지 배워 나간다. 그러한 배움을 제공하지 못하는 활동은 실천일 수 없다.

매킨타이어는 자신이 생각하는 실천 개념에 부합하는 활동과 부합하지 않는 활동에 대한 여러 예시를 제시한다. 예컨대 축구공 던지기는 실천이 아니지만 축구 시합은 실천이다. 벽돌 쌓기는 실천이 아니지만 건축은 실천이다. 배추 심기는 실천이 아니지만 농사는 실천이다. 또한 물리학·화학·생물학 탐구, 역사학 탐구, 예술 활동 등도 모두 실천이다. 특히 고대·중세 세계에서는 가정이나 도시국가 등을 건설하고 유지·관리하는 정치적 활동도 실천이었다.

내재적 선과 외재적 선

매킨타이어는 실천에 내재적인 선과 외재적인 선을 구별하는 것이 덕 개념에서 중요하다고 본다. 어느 아이가 체스에 별 관심이 없지만 이기면 사탕을 준다고 하자 악착같이 체스를 배워서 이기려 애를 쓴다고 하자. 이때 체스라는 실천에서 그 아이는 사탕이라는 외재적 선을 목적으로 삼을 뿐, 체스에 고유한 내재적 선은 알지 못한다. 체스에 내재적인 선을 깨달으면, 외재적 선과 별개로 그것은 체스에서 뛰어나고자 애쓰도록 하는 중대한 동기가 된다. 명예, 사회적 지위, 권력, 돈 등은 외재적 선의 대표적 유형이다. 체스 선수가 세계적 대회에서 우승한다면 그는 여러 외재적 선을 획득하게 된다. 이처럼 외재적 선은 실천과 결합될 수 있다. 그러나 이러한 결합 관계는 우연적이다. 명예나 돈은 꼭 체스라는 실천에서만 얻어지는 것이 아니기 때문이다. 반면 내재적 선은 특정 실천과 본질적으로 결합되어 있다. 이러한 선을 인식하고 진가를 알아보려면 그 실천에 참여하는 경험을 충분히 쌓아야만 한다.

내재적 선은 우선 그 실천에서 탁월함을 발휘하는 데서 얻어진다. 매킨타이어가 직접 언급하지는 않지만 이 점에서 내재적 선은 니체가 말하는 힘에의 의지와 통하는 면이 있다. 니체가 의지는 힘을 얻어 내는 데서 특유의 기쁨을 얻을 수 있다고 본다는 점에서 그러하다. 하지만 내재적 선이 꼭 탁월한 수준에 도달해야만 얻어지는 것은 아니다. 그 수준까지 미치지 못하더라도 탁월해지려 애쓰는 과정에서 이미 얻어진다. 노력의 시간 자체에서 즐거움이라는 보상을 얻는 셈이다. 더 나아가 내재적 선은 그 실천을 실제로 수행하는 한시적 기간을 넘어 그러한 실천이 주를 이루는 삶 자체에서도 얻어진다. 물리학자 또는 예술가는 물리학 탐구나 예술 활동을 수행하는 비교적 제한된 시간에서만이 아니라 물리학자 또는 예술가로서의 인생이라는 형식 자체에서 모종의 선을, 예컨대 자기만족 또는 고양감과 같은 것을 얻을 수 있다.

내재적 선이 사회적으로 중요한 이유는 그것이 외재적 선과 달리 개인의 배타적 소유물이 아니기 때문이다. 외재적 선은 누군가가 차지하면 다른 누군가는 그만큼 가질 수 없는 배타적이고 상대적인 성질의 것이어서 여러 개인의 경합 대상이 된다. 권력과 명성이 반드시 그렇고, 돈도 상대적 가치라는 점에서 결국 그렇다. 외재적 선은 경쟁의 대상이므로 그에 대한 승자와 패자가 갈릴 수밖에 없다. 반면 내재적 선은 실천 공동체의 구성원 모두가 향유할 수 있다. 물론 내재적 선도 대개 더 뛰어나고자 하는 경쟁의 산물이지만, 한 참여자가 공정하게 규칙을 따르면서 치열하게 경쟁할수록 다른 참여자도 함께 선을 향유할 수 있다. 건전한 경쟁은 실천 참여자들을 성장시키고 실천 공동체를 발달시킨다. 공정하되 치열한 경쟁 끝에 운동선수들이 덕담을 나누는 것은 단순한 겉치레가 아니다.

실천에 의거한 덕 개념

매킨타이어는 이러한 실천 개념에 의거해 덕을 잠정적으로 정의한다. 덕이란 그것을 행사하면 실천에 내재적인 선을 성취할 수 있고 그것이 없으면 사실상 그 선을 성취할 수 없는 성향이다. 여기서 주의할 점은 호메로스와 달리 매킨타이어는 덕을 탁월성을 성취하는 성향이 아니라 실천에 내재적인 선을 성취하는 성향으로 파악한다는 것이다. 즉 매킨타이어에 따르면 어느 실천에서 꼭 탁월한 능력을 갖추지 못하더라도 얼마든지 덕을 갖출 수 있다.

매킨타이어는 이러한 덕의 본성을 파악해 어떠한 사회에서든 통용되는 일련의 덕 목록을 제시한다. 정의, 용기, 정직이 그것이다. 이들 덕목은 실천에 내재적인 선을 성취하는 데 필수적이다. 먼저 무엇이 누구에게 마땅히 속하는지 알아야 하고 그러한 앎에 따라야 한다. 이것이 정의다. 정의롭지 않게 자기 몫을 챙기려 드는 사람은 실천에 고유한 선을 누릴 수 없다. 또한 실천에 정진하기 위해 스스로 위험에 처할 각오를 할 줄 알아야 한다. 이것이 용기다. 자신의 현재 수준에 안주하면서 위험을 감수하지 않으면 실천은 이내 지루해지고 만다. 일시적 퇴보를 동반할지언정 도전을 감행하는 자만이 계속해서 실천에서 내재적 선을 얻을 수 있을 뿐 아니라 기량이나 실력을 향상할 수 있고 결국 실천 공동체 또한 발전시킬 수 있다. 아울러 자신이 탁월성의 수준에 미치지 못한다고 지적받는 부분들에 대해 진솔하게 귀 기울일 줄 알아야 한다. 이것이 정직이다. 자신의 실력에 대해 정직하지 못하면 실천에서 발전도 없고 특유의 내재적 선도 얻을 수 없다.

요컨대 매킨타이어는 정의, 용기, 정직이 실천을 추구하면서 그로부터 선을 얻기 위한 필수적 자질이라고 주장한다. 어떠한 사회에서도 실천이 필수적인 이상 어떠한 역사나 문화적 조건의 사회에서든 정의, 용기, 정직은 필수적인 덕목인 셈이다. 그것들은 덕의 본성상 필수적이다.

매킨타이어는 실천 공동체의 관점에서도 세 덕목의 본성적 필수성을 주장한다. 이에 따르면 덕이란 본성적으로 실천 공동체적인 덕이다. 실천 참여자들 사이에 원활한 인간관계가 유지되지 않는다면 실천과 실천 공동체는 부패할 수밖에 없다. 실천 참여자들은 자신들의 공적에 상응하게, 즉 공정하게 자신의 몫을 분배받아야 한다. 분배의 기준은 한결같고 비개인적이어야 한다. 이것이 정의다. 공적에 합당하지 않은 분배는 실천 참여자들의 의욕을 꺾는다. 실천 참여자들은 실천에서의 탁월성과 같은 공동의 목적을 추구하면서 서로에 의존하고 서로를 신뢰할 수 있어야 한다. 즉 실천 참여자들의 관계는 진실해야 한다. 이것이 진실성 혹은 정직이다. 상대가 늘 속임수를 쓸 것이라고 의심되는 곳에서 실천은 부패하기 마련이다. 실천 공동체의 참여자들은 각 개인, 나아가 공동체 전체에 주의와 관심을 기울여야 한다. 이러한 주의와 관심을 위해 실천 참여자들은 기꺼이 스스로 위험에 처하거나 손해를 감수할 각오가 되어 있어야 한다. 이것이 용기다. 권위를 지닌 제삼자의 속임수나 공적에 합당하지 않은 분배를 발견했을 때 자신이 위험에 처할 수 있다고 해도 과감히 그것을 공개적으로 지적할 수 있어야만 실천 공동체의 부패를 막을 수 있다.

이러한 정의, 진실성, 용기가 실천 참여자들에게서 발휘되지 않으면 장기적으로 참여자들 사이에 불화가 생기고 공동체가 건강하게 유지되지 못한다. 따라서 결국 사회적 협동 활동으로서 실천도 번성할 수 없다. 실천에 특유한 탁월성도 기대할 수 없게 된다. 물론 탁월성과 덕은 비례하지 않는다. 특정 실천에서 굉장히 뛰어난 실력을 발휘하는 사람이 악덕하고 비열할 수도 있다. 하지만 그가 여전히 그런 탁월성을 그 실천에서 발휘할 수 있는 이유는 그가 남들의 덕에 기생하고 있기 때문이다. 모든 참여자가 악덕하다면 그 실천은 진작에 부패했을 것이고 탁월성이 발휘될 여지도 없었을 것이다.

물론 매킨타이어는 실천이 덕 외에도 제도라는 중요한 사회적 형식을 통해 유지된다고 인정한다. 체스, 물리학, 의학 등이 실천이라면 체스클럽, 연구실, 대학과 병원 등은 제도다. 덕 없는 실천 없듯, 제도 없는 실천도 없다. 제도는 실천에서 활동에 대한 보상으로 돈, 권력, 지위와 같은 외재적 선을 분배함으로써 유지된다. 이러한 외재적 선의 분배가 제도뿐 아니라 실천도 안정적으로 존속하게 한다.

매킨타이어는 외재적 선도 엄연히 진짜 선이라고 인정한다. 그러나 이 때문에 제도가 제공하는 외재적 선을 향한 경쟁이 발생한다. 이러한 경쟁은 실천 참여자들이 함께 실천에 내재적인 선을 추구하는 것을 방해할 수 있다. 제도에서의 경쟁이 참여자들을 악덕으로 유도하기 쉽다. 비열하게라도 승리를 쟁취하고자 하는 욕구를 부채질한다. 제도적 경쟁이 지배적인 사회에서는 덕 개념이 거의 말소되다시피 한다. 순위 경쟁과 양적 극대화가 목표가 되어 정의, 진실성, 용기와 같은 덕에 대한 담론은 한가로운 소리가 되고 만다. 그러나 실은 덕이 없다면 제도를 통해 유지하려는 바로 그 실천이 부패하고 소멸하고 만다.

실천에 의거한 덕 개념의 한계

이처럼 매킨타이어는 덕 개념에서 실천이 중요하다고 본다. 하지만 실천 개념만으로는 덕을 온전히 설명할 수 없다. 매킨타이어는 다음과 같은 이유로 서사 개념과 전통 개념으로 덕 개념을 보충할 필요가 있다고 본다.

첫째, 실천이 악을 산출할 수 있기 때문이다. 폴 고갱(Paul Gauguin)에게서처럼 회화의 실천이 가족을 내팽개치게 할 수 있고, 선을 위한다는 명목의 전쟁이 잔혹하게 번질 수 있다. 이는 어떤 실천을 도덕적으로 평가하기 위한 실천 외적 관점이 필요함을 뜻한다.

둘째, 실천이 인생 전체라는 관념을 놓치기 때문이다. 목적론적 도식을 재건하려면 아리스토텔레스가 보여 주었듯 인생 전체를 고려하는 인간의 목적 개념이 필요하다. 그러나 실천 개념은 그것을 제공할 수 없다.

셋째, 실천에 내재적인 선은 실천의 수만큼 많으므로 그러한 선들 사이에 갈등이 발생할 수 있기 때문이다. 실천에 의거한 덕 개념만으로는 그러한 갈등을 해결할 수 없다. 물론 매킨타이어는 인생에서 선들 사이의 갈등은 인간에게 불가피하다고 본다. 그럼에도 갈등을 더 적절하게 해결하려면 실천에 의거한 협소한 덕 개념을 넘어서야 한다.

참고문헌

MacIntyre, A.(2007). *After Virtue: A Study in Moral Theory.* Notre Dame, Ind.: University of Notre Dame Press.

07
서사

인생 전체에 관한 관심은 매킨타이어가 근대 도덕철학의 한계를 넘어설 수 있게 했다. 그러한 관심을 가장 잘 반영하는 개념은 서사다. 고전적인 형이상학적 목적론이 영원불변하는 우주 질서 내부에서 인간의 존재를 파악하고 그에 따라 인간의 텔로스를 제안했다면, 매킨타이어는 부담스러운 우주론적 가설 대신 인생을 서사로 이해하는 관점을 도입한다. 매킨타이어에 따르면 한 개인의 삶은 서사 형식으로 상연되고 그 전체적 통일성은 서사적 통일성을 통해 표현된다.

행위 이론적 역할

캐나다의 저명한 정치철학자이자 윤리학자인 찰스 테일러는 매킨타이어의 서사 개념이 "극도로 심오하면서 흥미롭다"(Taylor, 1994: 34)고 논평했다. 서사 개념은 행위와 자아정체성을 이해하는 새로운 관점을 제시할 뿐 아니라 인생의 의미와 목표에 대한 반성 역시 새로운 방식으로 촉구한다. 문제는 매킨타이어가 심오하고 흥미로운 착상을 담은 이 개념을 충분히 상세하게 개진하지 않았다는 점이다. 다소 과장이 섞인 말이겠지만, 매킨타이어가 무려 일곱 가지 방식으로 '서사'라는 용어를 사용한다는 지적(Jones, 1987: 54ff.)이 괜히 나온 것은 아닐 성싶다. 아마도 그 결과 매킨타이어의 서사 개념은 철학을 넘어 문학 이론과 심리학에까지 방대한 영향을 미친 만큼이나 극심한 반대에 부딪히기도 했다(Lippitt, 2007). 그러나 그러한 비판 대다수는 서사 개념을 둘러싼 혼란과 불명료함에 기인한 오해의 산물이다(Rudd, 2009).

매킨타이어에게서 서사 개념은 우선 행위 이론과 자아정체성 이론의 견지에서 도입되고, 이를 토대로 윤리학적 논의로 확장된다. 따라서 먼저 행위 이론의 견지에서 서사 개념을 살펴보는 것이 좋겠다.

매킨타이어는 인간 행위가 동물의 움직임과 달리 해명 책임(accountability)으로 특징지어진다고 본다. 이 해명 책임 개념의 토대가 바로 서사다. 행위를 통해 사회적 관계로 진입하는 개인의 삶이 시간의 흐름에 따라 전개되고 표현되는 형식이 곧 서사다.

우리는 어떤 행위를 이해 가능한 것으로 만들기 위해 그것을 서사 맥락으로 편입한다. 철수가 밤늦게 옆집 문을 두드린다. 이 행위를 이해하려면 우리는 철수가 왜 그렇게 했는지를 그에게 직접 묻거나 그의 입장에 서서 추측해 봐야 한다. 우리가 철수의 행위를 이해 가능하다고 가정하자마자 철수는 자기 행위에 대한 해명 책임을 진다. 어쩌면 철수의 아내가 갑작스러운 심장마비를 겪었고, 옆집에는 응급 치료사가 살았으며, 이 사실을 철수가 잘 알고 있던 것일 수 있다. 그렇다면 아마도 철수는 아내를 구하려는 목적으로 늦은 밤 옆집 문을 두드린 것일 테다. 물론 그 행위의 의미를 완전히 이해하려면 평범한 사실들의 목록을 더 길게 늘여야 한다. 이를테면 철수는 아내가 죽기를 원하지 않는다, 별 교류가 없던 사이라도 옆집 이웃이 도움 요청에 응할 확률이 대단히 높다고 믿는다, 옆집에 도움을 요청하는 것이 119에 전화하는 것보다 더 빠른 도움을 얻을 수 있다고 믿는다 등을 추가해야 한다. 이 모든 사실은 철수의 행위 의도를 중심으로 대체로 일관된 하나의 이야기로 엮인다. 요컨대 우리는 철수의 행위를 그것보다 더 포괄적인 이야기 맥락 속에 넣음으로써 이해할 수 있다.

행위는 우선 하나의 단편적 일화로 소묘된다. 하지만 그 단편적 일화는 항상 그보다 거시적인 서사의 맥락으로 편입됨으로써 적절히 이해된다. 전체는 부분의 합 이상이고 부분은 전체의 한 부분으로서만 존재한다는 전체론적 관점이 매킨타이어의 서사 이론에 깔려 있다. 행위를 소묘하는 일화가 삶 전체라는 총체적 맥락으로 통합될 때 개별 행위의 이해가 온전해진다. 물론 일상적 행위는 개인의 특수한 인생 서사를 동원하지 않아도 제법 분명하게 이해될 수 있다. 이는 일상적 행위 일화가 속하는 서사 맥락이 일반적이어서 누구에게나 이미 알려져 있기 때문이다. 반면 비일상적인 행위 결정의 경우 다른 대안적 행위가 아니라 바로 이 행위를 선택하도록 이끈 특수한 이유를 이해하는 것이 행위 이해에 핵심적이다. 그리고 그 이유는 행위 일화를 넘어서는 포괄적인 서사 맥락이 동원될 때만 적절히 이해될 수 있다.

인생 서사라는 배경에서 서사의 주인공은 어떤 행위를 펼친다. 그가 실행하는 인생 서사 속에서 어떤 행위가 벌어진다. 어떤 행위가 언제 어디서 누구에 의해 어떤 식으로 일어났다고 이야기하는 일화는 실행된 인생 서사의 한 단면이다. 그런 서사 없이 행위는 이해될 수 없다. 서사 맥락이 행위를 의미 있는 것으로 이해하게 하는 조건이다. 인간의 행위가 단순한 신체적 동작이 아니라 의도와 이유에 따라 이해 가능한 행위를 뜻하는 한, 서사 없는 행위란 존재하지 않는다.

한 개인의 행위는 그것이 일어나는 시점에서의 단편적 사건 묘사를 통해서가 아니라 그것을 넘어서는 그 개인의 인생 서사의 맥락 속에서 이해된다. 그런데 한 개인의 인생 서사에는 그의 과거 행위와 경험만이 아니라 미래 삶의 기획도 미리 그려져 있다. 우리가 소설의 중간 부분을 읽으면서 항상 등장인물의 미래를 예견하듯이, 인생 서사에도 그 서사의 작자가 좋은 삶에 대한 자신의 관념에 따라 앞서 그리는 미래 삶의 기획이 담긴다. 매킨타이어는 이처럼 인생 서사가 과거 행적만이 아니라 앞날의 기획을 포함한다는 것을 서사의 "목적론적 성격"(MacIntyre, 2007: 215)이라고 일컫는다. 인간의 목적은 좋은 삶이다. 따라서 인생 서사는 아무리 암묵적이고 모호할지라도 그 주인공이 좋은 삶이라고 여기는 어떤 관념을 목표로 삼아서 나아가는 운동이다. 인생 서사가 목적론적 성격을 지니므로 그 서사의 작자이자 주인공이 선의 우선순위에 대해 어떤 관념을 갖는지가 서사의 진행에 막대한 영향을 미친다. 또한 우리는 한 인물의 인생 서사를 들여다보면서 그 인물의 성품뿐 아니라 가치관과 도덕관을 읽어 낼 수 있다. 바로 그러한 가치관과 도덕관으로부터 행위의 목적과 의도가 형성된다. 따라서 개별 행위와 그 의도는 좋은 삶이라는 텔로스를 향한 장기적 서사의 한 부분을 차지하는 일화로 이해될 수 있다.

우리는 남의 행위를 이해하기 위해 그리고 우리 자신의 행위를 남들에게 정당한 것으로 해명하기 위해 인생 서사를 필요로 한다. 그러한 해명의 요구가 사회적 존재로서 우리 삶을 구성한다. 그러므로 남들의 해명 요구가 실제로 발생하기 전에 홀로 자신의 행위를 구상하고 그것이 정당한지 반성하며 의식하는 과정에서부터 우리는 우리 자신의 인생 서사를 사회적 공간이라는 무대 위에 펼쳐 낸다.

물론 행위가 행위자의 의도와 동기대로 흘러가지만은 않는다. 행위에는 항상 의도하지 않았으나 예상할 수 있었던 결과나 의도하지도 예상할 수도 없었던 결과가 뒤따른다. 이는 무엇보다 우리 인생이 모노드라마가 아닌 만큼 우리가 우리 인생 서사의 단독 저자일 수 없기 때문이다. 다른 등장인물이 개입하는 서사에서 주인공은 홀로 서사를 좌우할 수 없다. 그리고 우리 삶에서 의도하지 않은 행위 결과는 의도한 행위 결과 못지않게 중요하다. 의도하지 않은 행위 결과가 얼마나 사소한 또는 중대한 의미를 갖는지는 의도한 행위 결과와 마찬가지로 행위자 또는 그 행위를 당한 사람의 전체적 인생 서사라는 맥락을 동원해야만 적절히 이해될 수 있다.

자아정체성 이론적 역할

매킨타이어는 '서사적 통일성'이라는 용어를 빈번히 사용한다. 이러한 용법에서 매킨타이어가 서사 개념을 도입하는 의도와 배경이 분명히 드러난다. 매킨타이어가 보기에 현대 문화에서 자아는 흔히 여러 생활 영역이나 여러 사회적 역할에 따라 쪼개져 있다. "자아의 해체"(MacIntyre, 2007: 204)는 현대 문화에서 두드러지는 사회적 현상이다. 일터에서의 나, 가정에서의 나, 취미와 여가 생활에서의 나, 지역 소모임에서의 나, 시민 사회에서의 나 등이 단일한 삶으로 통합되지 않은 채 별개로 여겨지고 별개로 기능하기 쉽다. 그러므로 오늘날 직장 생활에서는 훌륭하지만 가정에서는 엉망이라거나 그 반대인 사람을 생각하기란 어렵지 않다. 그러나 덕 전통의 견지에서 보면 이러한 현상은 단지 덕의 몰락 징후일 뿐이다. 덕을 갖추었다는 의미에서 훌륭한 사람은 공적 생활에서든 사적 생활에서든 똑같이 훌륭함을 보일 수 있어야 한다. 직장 생활에서 훌륭하지만 가정에서 엉망인 사람은 유덕한 사람일 수 없다. 그는 단지 그 직장에서 요구되는 전문적 기술과 기능의 측면에서 효율적인 사람일 뿐이다. 반면 덕이란 그 소유자가 삶의 특정 영역이나 국면에 제한되지 않고 전체적으로 훌륭한 삶을 살아가게 하는 성향이다. 따라서 오늘날 덕 전통을 재건하려면 우선 자아를 조각조각 이해하는 방식 대신 자아의 여러 영역과 국면을 한 개인의 단일한 삶 속으로 통합해 이해하는 방식이 필요하다. 그러한 통합적 자아관은 현대 문화에 만연한 파편화한 삶을 극복해 덕의 길로 나아가기 위한 전제다. 이는 서사적 통일성에 의해 가능하다.

더욱이 매킨타이어는 현대 문화의 사회적 분화와 파편화에도 불구하고 사회적 삶의 본성상 통합적 자아 이해가 요구된다고 본다. 매킨타이어에 따르면 "나라고 하는 것은 내가 출생부터 죽음까지 흘러가는 이야기를 살아 내는 과정에서 남들에 의해 정당하게 [나라고] 받아들여지는 바의 그것"(MacIntyre, 2007: 217)이다. 인간의 사회적 삶은 개인 간 대화와 행위의 상호작용으로 구성된다. 그러한 사회적 삶의 형식에서 인간은 자기 삶의 매 국면을 통일적인 것으로 연속해서 엮어 나가라는 요구를 남들에게 받고 스스로에게 부과한다. 무엇보다 그런 연속성이 행위에 대한 책임 추궁 가능성의 조건이기 때문이다. 더 나아가 인간은 정상적인 사회적 관계 속에서 자신과 남들을 이해하려 할 때 자신과 남들에게서 그와 같은 연속적 단일성을 늘 가정한다. 매킨타이어에 따르면 그러한 단일성은 서로 다른 행위를 단일한 삶 속으로 통합하는 서사의 통일성에 의해 구성된다.

따라서 매킨타이어는 내가 누구인지 이해하는 과정이 곧 나의 인생 서사를 이해하는 과정과 같다고 본다. 자아는 나의 의식 수면에 나타났다가 사라지는 다양한 체험의 연쇄도 아니고 기억의 연속적 결합물도 아니다. 우리는 나의 행적에 관한 일화들을 아우르는 단일한 서사를 들여다보면서 그 서사의 주인공이 어떤 인물이고 어떤 성격을 지녔는지 가늠함으로써 내가 누구인지 파악할 수 있다.

매킨타이어는 "우리 모두 우리 삶에서 서사를 살아 내고 있고 우리가 살아 내는 서사에 따라서 우리 자신의 삶을 이해한다"(MacIntyre, 2007: 212)고 말한다. 그러한 종결되지 않은 서사는 물론 고정된 것이 아니라 계속해서 수정되고 각색되며 때로는 뒤엎어지기도 할 것이다. 즉 과거 행위의 의미가 달리 해석되고 그와 함께 도덕적 신념이나 어떤 것이 중대한 선인지에 대한 관념이 변경되어 미래의 목표와 기획이 재설정될 것이다.

우리는 우리 스스로 만들지 않은 무대에 올라서서 인생극을 상연하는 배우이자 저자다. 이와 동시에 우리는 서로의 인생 서사에 조연으로 출연한다. 이로써 각각의 인생극은 서로 맞물린다. 그러면서 우리는 서로의 인생극이 상연되는 방식을 제한한다. 그러므로 우리 각자는 우리 자신의 인생극에 대해서도 어디까지나 공동 저자일 뿐이다. 타인들, 특히 내 인생극에 주요하게 등장하는 타인들(예컨대 가족)은 나만큼이나 내 인생극을 써 나가는 데 지대한 영향을 미친다.

이처럼 삶은 서사 형식으로 진행되고 삶의 주체는 서사 속 등장인물과 같다. 매킨타이어는 인격 동일성 문제에 대해 존 로크(John Locke) 이래 분석철학계에서 여전히 우세한 경험론적 전통의 답변 대신 서사 이론적 답변을 내놓는다. 한 인격이 이런저런 행태와 삶의 경로에서 여전히 자기 동일적인지는 그의 여러 일화가 단일한 서사로 통합될 수 있는지에 달려 있다. 한 개인의 인생은 통일적인 서사로 전개된다.

서사적 통일성은 한 개인이 자기 삶을 여러 행위 국면이나 생활 영역으로 쪼개지 않고 단일한 전체로 통합하는 형식이다. 한 개인이 이때나 접때나 동일한 인격으로 머문다는 사실은 그 모든 일화가 한 등장인물의 서사로 통합된다는 사실에서 확인된다. 한 개인이 자기 삶을 이끄는 자아를 분열적으로 버려두지 않고 통일적으로 수렴하면서 살아갈 때 그는 자기 삶의 행적을 하나의 서사에서 연속적으로 엮어 나가며, 그 연속극은 서사적 통일성을 내보인다.

덕윤리의 토대로서 서사적 통일성

매킨타이어는 한 사람을 어떤 식으로든 제대로 평가하려면 일단 그의 삶에서 서사적 통일성을 가정해야 한다고 분명히 말한다. 매킨타이어는 "우리는 삶의 평가에서 어떤 종류의 통일성을 삶에 속한다고 여기는가"라고 묻고 "그것은 … 행위자가 주체이자 저자로서 동시에 상연하는 서사의 통일성이다"라고 답한다(MacIntyre, 2016: 231). 특히 현대 문화에서 자아는 여러 삶의 영역으로 분할되어 있을 뿐 아니라 시기적으로도 여럿으로 구획되어 있다. 하지만 이러한 영역별·시기별 경계가 뚜렷할수록 한 개인을 단일한 인생 전체 속의 자아로서 통일적으로 파악하기 어렵다. 그런데 그렇게 자아를 통일적으로 파악하지 못하면 한 인물에 대한 총체적 평가도 이루어질 수 없다. 그가 좋은 사람인지 아닌지, 그의 삶이 좋은 삶인지 아닌지를 가늠할 수 없다. 이는 좋은 삶이라는 텔로스를 내세우는 목적론과 그 텔로스를 향하는 성향으로서의 덕을 제시하는 덕론이 출발조차 할 수 없게 만든다. 따라서 목적론과 덕론을 제시하려는 매킨타이어는 일단 한 개인을 인생 전체에 걸쳐 통일적으로 파악할 수 있음을 보여야 했다. 이러한 배경에서 매킨타이어는 서사적 통일성을 제안한다. 한 개인의 자아정체성과 인격 동일성이 단일하게 통합된 서사 속 주인공의 통일성으로서 밝혀진다는 주장은 결국 인생의 통일적 파악이 어떻게 가능한지 보여 준다. 이를 통해 목적론과 덕론의 초석이 마련된다.

한 개인의 삶에서 인격 동일성을 지탱하고 표현하는 기틀로서 서사적 통일성은 그의 삶을 평가하기 위한 토대다. 단일하게 통합된 서사를 통해 우리는 한 사람의 인생을 전체적으로 조망함으로써 그와 그의 삶을 평가할 수 있는 자리에 선다. 그러나 매킨타이어가 목적론적 논의라는 배경에서 서사 개념을 고안한다고 해서 그가 단순히 서사적 특성을 갖춘 삶일수록 윤리적으로 바람직한 삶이라고 주장한다고 섣불리 결론지어서는 안 된다. 기본적으로 매킨타이어는 단일한 인생 전체라는 관념을 획득하기 위해 서사적 통일성을 제안한다. 즉 타락한 삶이든 훌륭한 삶이든 한 사람의 삶을 제대로 평가하려면 일단 그 삶을 서사적 통일성의 형식으로 파악해야 한다고 주장한다.

참고문헌

설민(2021). "매킨타이어의 서사 개념이 갖는 윤리학적 역할과 한계". ≪철학탐구≫, 62, 141-176쪽.

Jones, L. G.(1987). Alasdair MacIntyre on Narrative, Community, and the Moral Life. *Modern Theology*, *4*(1), pp. 53-69.

Lippitt, J.(2007). Getting the Story Straight: Kierkegaard, MacIntyre and Some Problems with Narrative. *Inquiry*, *50*(1), pp. 34-69.

MacIntyre, A.(2007). *After Virtue: A Study in Moral Theory*. Notre Dame, Ind.: University of Notre Dame Press.

MacIntyre, A.(2016). *Ethics in the Conflicts of Modernity: An Essay on Desire, Practical Reasoning, and Narrative*. Cambridge: Cambridge University Press.

Rudd, A.(2009). In Defence of Narrative. *European Journal of Philosophy*, *17*(1), pp. 60-75.

Taylor, C.(1994). Justice After Virtue. In Horton, J. & Mendus, S.(eds.). *After MacIntyre: Critical Perspectives on the Work of Alasdair MacIntyre*, pp. 16-43. Cambridge: Polity Press.

08
전통

역사는 실천과 서사의 맥락을 형성한다. 실천 그리고 이를 외적으로 지탱하는 제도는 대체로 여러 세대에 걸쳐 형성된다. 그래서 우리가 실천과 제도에서 어떤 선을 추구해야 할지 사유할 때 그 사유는 이미 전통 속에 뿌리박은 채로 움직인다. 또한 개인의 삶이 펼쳐 내는 이야기는 항상 그보다 더 광범하고 장기적인 이야기, 곧 역사 속에서 펼쳐진다. 따라서 개인의 인생 서사에서 어떠한 선이 중대한지도 전통을 통해 알려지고 사유된다.

실천과 서사의 맥락으로서 역사

매킨타이어는 좋은 삶을 이루는 내용적 요소를 분석하는 것까지 윤리학이 떠맡을 수는 없다고 본다. 그런 요소는 무엇보다 전통마다 달라진다고 본다. 매킨타이어에게 전통은 좋은 삶을 추구하는 개인이 선을 탐색할 수 있게 하는 원천이자 배경이다(Horton & Mendus, 1994: 11). 매킨타이어가 아리스토텔레스의 목적론이 형이상학적 생물학에 기초한다는 점을 지적하고 비판한 이유가 여기 있다. 인간이 그 종적 본성상 특정한 목적을 향하도록 고정되어 있다는 관념은 인간적 선이 무엇으로 이루어지는지에 관해 문화나 시대마다 심대한 차이가 있었으며 그만큼 덕의 목록도 달랐다는 역사적 사실을 반영할 수 없다.

역사는 실천과 서사의 맥락을 형성한다. 따라서 전통은 실천이나 서사에서 어떠한 선을 추구할 것인지에 대한 물음과 숙고의 배경을 형성한다. 먼저 실천과 전통의 관계를 살펴보자.

예술이든, 과학이든, 테니스 시합이든, 가정과 같은 공동체의 운영이든 여러 가지 실천에서 우리가 어떠한 목표와 선을 추구할지는 열린 문제다. 각자는 이러한 각각의 실천에 중대한 의미를 둘 수도 있고 그러지 않을 수도 있다.

어떤 실천에 중대한 의미를 둔다는 것은 그것이 자신의 삶에서 다른 목표나 선보다 더 비중 있는 목표와 선이 되게 한다는 뜻이다. 우리는 어느 실천에서 어떠한 선을 추구할지, 어느 정도의 선까지 기대할 수 있을지 숙고해 판단하지 않을 수 없다.

이러한 숙고에서 늘 배경이 되는 것이 전통이다. 실천은 시대를 거치며 소멸할 수도 있고 계속 계승될 수도 있다. 오늘날 여전히 효력을 발하는 실천이 그러한 효력을 보일 수 있는 이유는 선대의 실천 참여자들이 그 실천에서 어떠한 목표와 선을 얻어 낼 수 있는지를 여실히 보여 주었기 때문이다. 만일 반대로 한 실천에서 그 어떤 선도 얻을 수 없음이 앞선 세대에 의해 확고하게 밝혀졌다면, 그 실천은 특별한 변형을 겪지 않는 한 결코 계승될 수 없다. 우리가 현재 한 실천으로부터 어떠한 선을 기대하고 그러한 선을 실제로 추구할 수 있다면, 이는 그러한 선이 제공될 수 있는 형태의 실천을 선대의 실천자가 적절히 확립한 덕분이다.

한 시대에 실천의 목표가 무엇이고 무엇이어야 하는지에는 역사적으로 그 실천이 어떠한 선을 실제로 가져다주었는지가 중대한 영향을 미친다. 그래서 매킨타이어는 다음과 같이 말한다.

> 실천을 시작한다는 것은 동시대의 실천자들뿐 아니라 그 실천에서 우리를 앞섰던 실천자들, 특히 그 실천이 현재까지 이어지도록 실천의 영향력을 확장한 업적을 이룬 실천자들과의 관계를 시작한다는 것이다. 그때 [즉 중요한 업적을 이룬 선대의 실천자들과 조우할 때] 내가 직면하고 또 배워야 하는 것은 전통의 업적 그리고 더더욱 전통의 권위다.(MacIntyre, 2007: 194)

실천이 어떤 전통 속에서 어떤 업적을 쌓았는지를 배움으로써 우리는 실천을 통해 어떠한 선을 추구할 수 있는지도 배운다. 또한 전통의 권위에 직면함으로써 우리는 그 실천에서 어떠한 선을 어떤 식으로 추구해야 마땅한지도 배운다. 우리는 전통의 권위에 직면하면서 예술에서, 과학에서, 테니스 시합에서, 가정에서 어떤 선을 추구해야 하는지 모색한다. 매킨타이어는 그러한 문제에서 전통을 무시할 때 우리가 커다란 대가를 치를 수 있다고 암시한다.

동일한 논의가 서사에 관해서도 타당하다. 매킨타이어에 따르면 행위의 이해 배경을 조성하는 서사 맥락 전체는 ㉠ 그와 같은 종류의 행위 역사, ㉡ 그와 같은 종류의 행위에 관련된 사회적 역할의 역사, ㉢ 과거 행적과 미래 삶에 대한 기획을 포함한 행위자 개인의 인생 서사로 구성된다.

매킨타이어가 느슨한 용법으로 '서사'라고 말하는 것에는 앞서 논했던 ㉢ 외에도 그가 "무대장치"의 역사라고 부르는 ㉠과 ㉡이 포함된다(MacIntyre, 2007: 206). 예컨대 늦은 밤 위급한 일로 옆집 문을 두드린 철수의 행위는 낯선 이웃에게 도움을 요청하는 행위가 우리 사회에서 역사적으로 어떻게 행해졌고 어떻게 평가됐는가, 남편으로서 사회적 역할이나 이웃 시민으로서 사회적 역할에 어떤 책임과 의무가 부과되었는가에 대한 역사적 이해가 없다면 이해될 수 없다.

한 행위 일화가 개인의 인생 서사 속에 편입되어 있다면, 개인의 인생 서사는 사회적 역할의 역사와 공동체의 역사 속에 편입되어 있다. 개별 행위자는 이러한 장기적 서사의 무대 위에서 자신의 서사를 전개한다. 이는 근대 개인주의가 묘사하는 바와 같이 개인의 존재는 그저 그 자신의 능력과 사고와 활동에 놓인다는 가정과 충돌한다. 따라서 매킨타이어에 따르면 개인이 추구할 수 있는 선은 단지 그 개인의 의지에 달린 것이 아니다. 그가 어떠한 역사 속에 편입되어 어떠한 공동체 속에서 어떠한 사회적 역할을 물려받았는지가 개인의 선 추구에 결정적이다.

나는 결코 그저 개인으로서 선을 추구하거나 덕을 실행할 수 없다.… 우리는 우리 자신의 상황에 특정한 사회적 정체성의 담지자로서 다가간다.… 나에게 좋은 것은 이러한 역할을 살아가는 사람들에게 좋은 것이어야 한다. 그 자체로 나는 내 가족, 도시, 부족, 국가의 과거로부터 다양한 빚, 유산, 정당한 기대와 의무를 물려받는다. 이런 것들이 내 삶의 조건을, 내 도덕적 출발점을 구성한다.(MacIntyre, 2007: 220)

이성과 전통

매킨타이어는 이처럼 실천과 서사의 맥락으로서 전통을 제시할 때 자신의 전통 개념이 영국의 18세기 보수주의 정치사상가 에드먼드 버크(Edmund Burke)가 제시한 전통 개념과 다른 것임을 무척 강조한다. 버크식의 보수주의적 전통 관념에 따르면 전통은 이성과 대조된다. 또한 전통의 안정성은 갈등과 대조된다. 하지만 이러한 전통 관념은 기득권층의 이익에 봉사하는 이데올로기적 오용의 산물이기 쉽다. 매킨타이어에 따르면 전통은 이성과도, 갈등과도 단순히 대척적이지 않다. 오히려 이성을 통한 모든 사고조차 특정한 사고 양식의 전통이라는 맥락 안에서 가능하다. 이후 ≪누구의 정의? 어느 합리성?≫에서 더욱 분명히 밝

히듯 매킨타이어는 어떤 방식으로 사고하는 것이 합리적인지에 관한 기준조차 전통으로부터 자유로울 수 없다고 본다.

그렇다고 이성을 통한 사고가 전통의 한계 내에 갇혀 있을 수밖에 없다는 뜻은 아니다. 매킨타이어는 이성의 고유한 능력으로서 "비판과 발명"(MacIntyre, 2007: 222)을 인정한다. 이를 통해 이제껏 그 전통에서 사고되지 않았던 새로운 무언가가 사고될 수도 있다. 그러나 이때 이루어지는 것은 전통의 폐기가 아니라 '살아 있는 전통'의 변형과 변혁이다. 즉 전통은 이성을 통한 역사적 변천을 허용한다.

이러한 맥락에서 매킨타이어는 살아 있는 전통이 "부분적으로 선에 대한 논증"(MacIntyre, 2007: 222)으로 구성된다고 말한다. 예컨대 대학이라는 제도가 학문이라는 실천의 전통을 지탱할 때 그것은 대학이란 무엇이고 무엇이어야 하는가, 어떠한 목표를 추구해 어떠한 선을 성취해야 하는가에 대한 "계속적 논증"(MacIntyre, 2007: 222)으로 구성된다. 어떠한 전통이 현시점까지 유효한 이유는 적어도 부분적으로 그것이 어떠한 선을 효과적으로 성취할 수 있게 한다는 사실이 합리적으로 입증되었기 때문이다.

이때 전통은 안정이 아니라 오히려 "갈등의 연속"(MacIntyre, 2007: 222)을 구현한다. 어떤 전통이 여러 시대에 걸쳐 유지되는 과정은 숱한 논증을 겪어 나가면서 갈등을 견뎌 내고 변형되는 과정이기도 하다. 이러한 전통이야말로 살아 있는 전통이다. 반면 어떤 전통이 이성에 의한 논증과 갈등을 억압하는 이데올로기적 도구로 작동할 뿐이라면 그것은 죽은 전통에 불과하다. 그때 전통은 선의 추구를 이끌어 주는 무대로서 기능하지 못한다.

덕과 전통

전통은 실천, 서사적 삶과 더불어 덕의 본성을 파악하기 위한 배경 개념에 해당한다. 매킨타이어에 따르면 덕의 행사는 전통을 지탱·강화하고, 덕의 부재는 전통을 약화·파괴한다. 선을 탐색하고 추구하기 위한 원천으로서 전통과의 관계는 덕을 행사하는 사람들 덕분에 유지된다. 정의, 진실성, 용기, 지혜와 같은 덕목이 전통을 계속 살아 있도록 전승한다. 실천과 서사에서 앞서간 자들, 곧 선조들이 선의 탐구와 추구에서 어떤 업적을 성취했는지를 지혜롭게 알아보고, 그러한 업적들이 각기 어떤 유산을 남겼는지에 대해 각각의 몫을 공정히 평가하고, 그 유산에 대한 자신의 빚을 진실하게 인정하고, 그와 비교해 자신의 한계를 용감하게 수용할 수 있어야만 전통은 지속해서 살아 있게 된다. 반면 그러한 덕목의 부재는 전통을 부패시키고 만다.

이로부터 또 한 가지 중대한 덕이 알려진다. 즉 "전통에 대한 적절한 감각"(MacIntyre, 2007: 223)을 갖는 것 자체가 하나의 덕이다. 우리가 오늘날 어떠한 전통에 직면하는지 알아보고 그 전통의 권위를 식별하는 감각은 정의, 진실성, 용기, 지혜 등과 더불어 전통을 살아 있게 유지한다. 그리고 그러한 전통에 대한 감각을 통해 오늘날 중대한 선이 무엇인지도 깨달을 수 있다.

여기서 매킨타이어는 재차 자신의 의도가 보수주의적이지 않음을 강조한다. 단순히 과거의 관습을 오래도록 간직하는 일이 중요한 것이 아니다. 전통에 대한 섬세한 감각이 오늘날 과거의 유산을 어떻게 활용해 미래를 의미 있게 건설할 수 있을지 일깨운다. 그러한 감각 속에서 전통은 오늘날의 우리에게 미래에의 가능성을 제공한다.

참고문헌

Horton, J. & Mendus, S.(1994). After Virtue and After. In Horton, J. & Mendus, S.(eds.). *After MacIntyre: Critical Perspectives on the Work of Alasdair MacIntyre*, pp. 1–15. Cambridge: Polity Press.

MacIntyre, A.(2007). *After Virtue: A Study in Moral Theory.* Notre Dame, Ind.: University of Notre Dame Press.

09
책임과 도덕

매킨타이어는 인간 행위가 항상 해명 책임을 동반한다는 사회적 사실을 강조한다. 행위자는 행위와 더불어 왜 그러한 행위를 했는지 해명하라는 남들의 요구에 노출된다. 사회적 존재로서 행위자는 그러한 사실의 암묵적 자각 속에서 행위하고 그에 대한 좋은 이유를 제시해야 할 책임을 수용한다. 좋은 행위란 좋은 이유를 가진 행위다. 목적으로서 좋은 삶이란 가능한 한 좋은 행위로 채워진 삶이다.

해명 책임과 도덕적 삶

어떤 행위를 좋은 이유로 잘 해명할 수 있으려면, 그 행위가 추구하는 선이 다른 가능한 대안적 행위가 추구하는 선보다 선들의 위계질서에서 더 우선적이어야만 한다. 좋은 행위는 행위자가 좋은 이유를 대어 해명할 수 있는 행위다. 그리고 그 행위가 그 선택 상황에서 가능한 가장 중대하고 우선적인 선을 추구하는 행위임을 밝히는 것만큼 좋은 이유 제시 방법은 없다. 따라서 덕을 갖춘 사람이란 좋은 이유를 대면서 행위를 할 수 있는 사람이기도 하다. 그는 선택 상황에서 어떠한 선이 중요하며 그것을 어떤 식으로 실현해야 좋은지를 알고 그런 앎에 따라 행하는 사람이다.

남들 앞에서 좋은 이유로 자기 행위를 해명할 수 있어야 한다는 것이 좋은 행위와 좋은 삶의 핵심 특징이라는 사실은 좋은 삶이 도덕적 삶이기도 하다는 아리스토텔레스적이고 매킨타이어 또한 수용하는 견해로 이어진다. 삶에 대한 포괄적이고 체계적인 탐구 시도 없이 그때그때 자기의 즉흥적 욕구에 충실하게 행동하는 사람은, 남들에게 아무런 직접적 위해를 가하지 않더라도 자신의 행태에 대해 남들이 납득할 만한 좋은 이유를 제시할 수 없다. 매킨타이어는 "무사태평한"(Strawson, 2004) 삶의 태도를 옹호하는 게일런 스트로슨(Galen Strawson)을 향해 다음과 같이 말한다.

> 무사태평한 삶을 사는 사람들이 그런 삶을 살 수 있는 것은 오로지 그렇게 살지 않는 다른 사람들이 그들의 삶을 가능하게 해 주는 관계와 제도를 지탱하는 덕분이다. 가족, 학교, 직장, 병원, 극장, 스포츠팀은 무사태평한 삶이 너무 많지 않을 때만 번성한다. 따라서 이런 질문이 생긴다. 무사태평한 자들이 그렇지 않은 자들에게 해명하라는 요구를 받을 때 그들은 자신의 삶을 설명하고 정당화하면서 무슨 말을 할 수 있는가? 스트로슨은 그들을 대신해 무슨 말을 할 것인가?(MacIntyre, 2016: 242)

어떠한 인간도 고립된 섬으로서 살아갈 수 없고 자신이 속한 여러 공동체의 실천과 제도로부터 여러 가지 이익을 취한다. 개인적 관점에 매몰되어 선을 추구하는 사람은 공동체로부터 자기 이익만 취하면서 공동체와 실천을 부패하게 하는 사람이다. 아무리 다른 개인의 자유나 권리를 직접 침범하지 않았다고 해도 그런 사람은 공동체를 성실하게 지탱하면서 공동의 선에 이바지하는 사람들 앞에서 자기 행위와 태도에 대한 좋은 이유를 제시할 수 없다.

따라서 좋은 삶을 이끌어 주는 덕은 그저 개인의 인생에 매몰될 수 없다. 덕은 개인 인생의 관점과 인간 일반적 관점의 교차에서, 개인적 선과 인간 일반적 선에 대한 조화로운 고려에서 실현된다. 그래야만 남들 앞에서 좋은 이유를 지녔다고 평가될 수 있는 행위를 할 수 있다. 이러한 사정으로 매킨타이어는 선을 공동으로 탐색하고 추구하는 가정이나 정치 공동체를 강조했다. 공동으로 진행되는 선의 탐색은 개인적 선의 상당 부분이 공동체의 선에 빚지고 있음을 깨닫게 해 준다.

또한 매킨타이어는 같은 사정으로 다른 유형의 선보다 실천에 내재적인 선을 중시한다. 명예, 권력, 돈 등은 그 선이 일반적으로 개인적 선으로 제한된다. 그것들은 경합적 본성을 지니기 때문에 한 사람이 소유하면 다른 사람은 소유할 수 없다. 이에 반해 실천에서 탁월함을 성취하거나 그러한 노력에서 얻게 되는 선은 단지 그 개인만이 아니라 일반적으로 그 실천에 참여하는 구성원들이 함께 얻는다. 치열한 우승 경쟁을 벌이는 테니스 결승 시합에서 우승 메달이나 상금은 한 개인에게 돌아갈 수밖에 없지만, 그 시합에 고유하게 내재하는 선은 상대방과 내가 함께 누린다. 결승 시합의 두 참여자가 각자 자신의 탁월함을 발휘하려 애쓸수록 그들이 함께 누리는 내재적 선은 커진다. 아울러 그 시합의 관전자들까지도 그 선을 제한적이나마 공유할 수 있다. 한 공동체의 성원들이 내재적 선을 추구하면 할수록 그들이 누릴 수 있는 공동선의 크기와 범위가 확대된다.

따라서 외재적 선에 대한 경합만으로 이루어진 삶은 좋지 않은 삶이다. 그런 삶을 텔로스로 여기고 추구하는 사람은 자기 삶에서 내재적 선을 놓칠 뿐 아니라 개인적 관점에 갇힌 채 선을 추구하게 된다. 그런 삶은 좋은 이유를 제공해 줄 인간 일반적 관점에 대한 고려가 없다.

사회적 존재로서 우리가 행위를 한다는 것은 그에 대해 좋은 이유로 해명할 책임을 진다는 것을 의미한다. 매킨타이어에 따르면 그러한 책임을 인수한다는 것은 다시 자기 삶의 서사를 배경으로 동반하면서 행위를 한다는 것을 의미한다. 왜 그렇게 행위했는지, 그 이유가 언제나 자기 인생 서사의 맥락으로부터만 제시될 수 있기 때문이다. 자신과 남들에게서 행위에 대한 해명 요구의 정당성을 가정하자마자 우리는 인생 서사에 비추어 우리 자신과 남들을 이해하고 그에 비추어 우리 자신과 남들의 행위를 해석하게 된다. 이를 매킨타이어는 다음과 같이 설명한다.

> 우리 각자는 언제든 우리 자신에 대한 설명을 제공하라고, 방금 우리가 했던 것, 지금 하는 것, 하려고 계획한 것이 무엇

인지를 말하라고, 행위에 대한 우리의 동기나 이유가 무엇인지 설명함으로써 그 행위를 이해할 수 있게 만들라고, 그러한 이유가 충분히 좋은 이유임을 보여 줌으로써 그 행위를 정당화하라고 요구받을 수 있다. 우리와 상호작용하는 남들이 우리에게 응할 수 있으려면, 그들은 우리가 했던 것, 하는 것, 하려는 것이 무엇인지 그리고 우리가 왜 그렇게 행위하고 그렇게 행위하면서 스스로 정당하다고 생각하는지 확인할 필요가 있다. 그런 질문들은 우리에게 반복적으로 제기된다. 하지만 우리가 [그 질문들에] 어떻게 답하는지가 앞으로 그들과의 관계를 결정할 것이므로 우리는 과거와 현재의 행위 그리고 [미래의] 약속한 행위 그리고 그 행위의 설명과 정당화를 반성하며 의식할 필요가 있다. 그래서 이것들은 우리가 우리 자신에게 제기하는 질문들이다. 우리 각자가 이 질문들에 답하면서 끌어들이는 것이 우리가 의식하는 한에서의 우리 특정 삶의 서사다.(MacIntyre, 2016: 231f.)

도덕적 딜레마

덕을 갖춘 사람은 덕을 갖추지 못한 사람보다 여러 선 사이에서 갈등을 훨씬 덜 겪을 것이다. 훌륭하고 성공적인 삶은 여러 선 사이의 중요도에 따라 질서를 갖추고 균형이 잡힌 삶이다. 그러한 삶은 중대한 갈등을 더 성공적으로 조정한다.

여러 선 사이의 갈등은 삶의 여러 활동 영역 사이의 갈등이나 여러 사회적 역할 사이의 갈등으로 나타난다. 그러한 활동 영역이나 사회적 역할마다 강조되는 선이 다르기 때문이다. 테니스 시합에 매진하려고 가정을 소홀히 하는 아버지의 경우처럼 말이다. 덕을 갖춘 사람은 삶의 활동 영역 간이나 사회적 역할 간 갈등 조정과 균형 조절에 능하다. 한편 삶의 한 분야에서 아무리 탁월하다고 하더라도 나머지 다른 분야에서 전반적으로 선을 추구하는 데 실패한 인물은 덕을 갖추었다거나 좋은 삶을 살았다고 평가할 수 없다. 덕이란 인생 전체의 텔로스와 관련되므로 어떤 이가 덕을 갖추었다면 그는 자기 덕을 삶의 한 활동 영역이나 사회적 역할에서만이 아니라 인생 전체에 걸쳐 발휘할 수 있어야 한다.

그러나 매킨타이어는 균형 잡힌 삶을 구현하는 인물조차 인생에서 갈등을 원천적으로 제거할 수 없다고 본다. 아무리 선의 위계질서를 잘 알고 있다고 하더라도 인생은 너무나 복잡하다. ≪안티고네≫를 비롯한 소포클레스의 비극에서 그려지는 수준의 도덕적 딜레마가 유덕한 사람에게도 발생할 수 있다. 매킨타이어는 아리스토텔레스와 자신의 중요한 차이점 가운데 하나가 여기 있다고 본다. 매킨타이어에 따르면 한 개인의 삶에서 발생하는 비극적 갈등을 그 개인의 성격적·지적 결함을 나타내는 징표로 간주했던 아리스토텔레스는 아무리 유덕한 인물이라고 하더라도 갈등을 피할 수 없는 상황이 가끔은 있기 마련이라는 인생의 복잡다단한 현실을 외면했다(MacIntyre, 2007: 163).

그렇다면 양쪽 선이 팽팽히 경합하는 비극적 딜레마 상황에서 선택은 그저 무차별적인가? 아니다. 덕을 갖춘 사람에게 무차별적인 선택이란 없다. 매킨타이어는 딜레마에서도 유덕한 사람과 그렇지 않은 사람의 대응에 차이가 있다고 본다. 겉보기에 두 사람이 똑같은 한쪽 선을 선택했다고 하더라도 그러한 선택을 수반한 두 사람의 행위는 "영웅적인가 또는 옹졸한가, 너그러운가 또는 인색한가, 우아한가 또는 볼품없는가, 신중한가 또는 경솔한가"(MacIntyre, 2007: 224)라는 물음에서 상반된 평가를 받는다. 유덕하고 현명한 사람은 삶에서 갈등을 줄여 나갈 뿐 아니라 부득이 갈등이 발생하더라도 잘 대처하는 사람이다. 따라서 텔로스를 올바르게 향하도록 이끄는 덕성은 경합하는 선 사이에서 더 중요한 선을 식별해 선택하는 능력뿐 아니라 선택 행위를 훌륭한 방식으로 수행하는 능력을 포함한다. 비극적 딜레마에서 덕은 단지 어떤 선택을 내렸는지가 아니라 어떠한 방식으로 선택한 행위를 수행했는지에서 드러난다. 훌륭한 방식의 선택 행위를 특징짓는 것은 무엇보다 포기되는 선에 대한 배려의 방식일 것이다.

참고문헌

설민(2021). "덕론과 해명 책임(accountability)에 의거한 매킨타이어의 목적론". ≪철학≫, 146, 119-146쪽.

MacIntyre, A.(2007). *After Virtue: A Study in Moral Theory.* Notre Dame, Ind.: University of Notre Dame Press.

MacIntyre, A.(2016). *Ethics in the Conflicts of Modernity: An Essay on Desire, Practical Reasoning, and Narrative.* Cambridge: Cambridge University Press.

Strawson, G.(2004). Against Narrativity. *Ratio, 17*(4), pp. 428-452.

10
덕론

매킨타이어는 덕의 목록을 체계적으로 제시하는 덕론을 확립하지 않는다. 이는 섣부른 시도를 경계하는 용의주도함 때문일 것이다. 하지만 매킨타이어는 실천, 서사, 전통이라는 세 배경 개념으로 덕의 본성을 스케치하는 가운데 여러 주요 덕을 산발적으로 거론한다. 이들을 모아 일련의 덕 목록을 제안할 수 있다. 이를테면 정의, 용기, 진실성, 지혜 그리고 전통에 대한 적절한 감각 등이 좋은 삶에 필수적인 덕목이다.

선을 체계적으로 탐구하고 추구하기 위한 덕

누구나 자신의 인생이 좋기를 바란다. 그렇다면 좋은 삶을 살려면 어떻게 해야 하는가? 합리적 본성을 지닌 인간은 그에 대한 좋은 답을 모색하면서 살아갈 수밖에 없다. 어떤 것이 선인지 체계적으로 탐구하고 그에 따라 선을 추구하려 애써야 한다.

인간은 선의 위계질서를 탐구하면서 살아간다. 그러한 탐구 과정에서 직업적 성공이든 신적인 것의 관조든 유한하고 특정한 선을 자기 인생의 정점에 해당하는 선으로 간주하고 인생 목표로 설정할 수도 있다. 하지만 선의 위계질서에 관한 탐구는 살아 있는 한 종결될 수 없다. 여생이 있는 인간은 매 순간 자신 앞에 놓인 선택지들 가운데 어느 것이 가장 상위 선을 실현하는지 판정해야 하고, 그러한 판정을 위해 선의 위계질서를 인식해야 한다. 또한 어느 인간도 자신의 가치관, 즉 선의 위계질서에 대한 자신의 현재 관념을 절대적으로 확신할 수 없기 때문에 살아 있는 인간에게 선의 탐구는 끝날 수 없다. 그래서 매킨타이어는 "인간에게 좋은 삶이란 인간에게 좋은 삶에 대한 탐색으로 보낸 삶"(MacIntyre, 2007: 219)이라는 견해를 내세운다. 한 개인에게 좋은 삶이란 인간의 삶에 일반적으로 중요한 선,

나아가 절정에 해당하는 선이 어떤 것이며 그것들의 전체적 우선순위가 어떠한지 탐색할 뿐 아니라 그 일반적 탐색 결과를 다시 개인적 삶의 조건에 비추어 자신에게 맞는 질서에 따라 선을 추구하는 삶이다.

중대한 선들이 충돌하는 상황은 인간으로서 견디기 어렵고 외면하고 싶은 것이다. 하지만 때로는 그런 상황을 피할 수 없다. 선을 꾸준히 탐색하는 사람은 어떠한 선택이 최선일지 심사숙고해 결정하고 자기 결정에 책임지는 사람이다. 키르케고르의 ≪이것이냐, 저것이냐≫ 1권에서 그려지는 심미주의자처럼 무거운 책임이 뒤따르는 선택으로부터 부단히 도피하고자 하는 삶은 매킨타이어가 말하는 윤리적 삶과 가장 대조적인 삶일 것이다. 최선의 선택지를 선별하고 그에 따른 합당한 책임을 지는 삶이 선의 탐색으로 보내는 삶의 특징이다. 그것은 잘못된 선택을 내리는 일을 피할 수 없다고 하더라도 매사의 선택으로부터 선의 위계질서가 어떠한지에 대한 교훈을 얻으려 애쓰는 삶이기도 하다.

이러한 선의 탐구에는 일련의 덕목이 필수적이다. 선의 탐구는 그저 개인의 활동이 아니다. 역사적으로 계승된 공동체나 사회적 역할에 대한 고려 없이는 이루어질 수 없다. 특히 가정 공동체나 정치 공동체 안에서 한 구성원은 다른 구성원들과 공동으로 선을 탐색하지 않을 수 없다. 선을 향한 이러한 공동 탐색은 다시 공동체를 부패시키지 않고 건강하게 지탱하는 일련의 덕목을 필요로 한다. 매킨타이어는 이러한 덕목의 이름을 열거하지 않는다. 하지만 분명 실천 공동체를 지탱하기 위해 요구되었던 진실성, 정의, 용기 등이 선의 공동 탐색에도 결국 똑같이 필요할 것이다.

이어 매킨타이어는 "선의 성격에 관한 철학적 탐구를 위해 필요한 덕들"(MacIntyre, 2007: 219)을 언급하는데, 이에 대해서도 상세히 해설하지 않는다. 하지만 아마도 여기에는 추론과 논증 능력은 물론 세계나 인생을 조망하는 통찰력과 같은 여러 지적 덕이 포함될 것이다. 이러한 지적 덕은 그 소유자가 선을 체계적으로 탐구함으로써 더 나은 선 관념에 이르도록 도와줄 것이다.

이러한 덕목을 갖춘 사람은 선의 위계질서에 대한 더 나은 관념과 감각을 지닌다. 하지만 갈등 상황에서 선택을 기계적으로 결정해 줄 일련의 규칙 집합을 소유하는 것은 아니다. 그는 일반적 행위 규칙이나 실천 원리에 대해 더 많은 지식을 가질 가능성이 농후하고, 그런 규칙이나 원리는 행위 상황에서 참고해야 마땅하다. 하지만 행위의 최종 결정은 자신이 처한 구체적 상황으로부터 내려져야 한다. 그래서 매킨타이어는 개별 행위에서 중요한 것이 선의 위계질서에 관한 일반적 지식을 구체적 상황에 적용하는 "판단력"(MacIntyre, 2007: 223)이라고 본다.

구체적 상황에서 좋은 행위를 끌어내는 판단력을 갖추기 위해 행위자는 다시 "자기 지식"(MacIntyre, 2007: 219)을 갖추어야 한다. 나의 자질, 능력, 성향, 성격, 관심, 사회적 위치와 역할, 인생 주기상의 위치, 역사적 조건과 같은 자신의 제반 특수성에 관한 앎에 토대해야만 어떠한 선택지의 실현이 내 인생 전체에 최선일지를 알 수 있다.

인생 전체의 통일성을 위한 덕

끝으로 매킨타이어는 서사적 통일성 개념과 관련해 특별히 두 가지 덕목을 제시한다. 만일 한 개인의 삶이 파편화해 마치 여러 자아의 행적이 무질서하게 결합한 듯하다면 그것은 좋은 삶일 수 없다. 진지하게 선을 향한 탐색을 시도하는 삶은 그러한 파편화한 양식을 취할 수 없다. 인생 전체의 견지에서 중대한 선이 무엇인지 알고 그것을 위해 정진하는 사람은 그러한 선이 삶의 어떠한 순간이나 어떠한 영역에서도 일관되게 관철되도록 노력한다. 가령 인간에 대한 존중이 삶에서 구현해야 할 중대한 선이라고 믿는다면, 그러한 선 관념을 어떠한 삶의 영역이나 어떠한 사회적 역할 수행 과정에서도 초지일관 유지해야 한다. 매킨타이어는 이처럼 서사적 통일성을 통해 표출되는 일관성을 제인 오스틴을 따라서 지조라고 부른다.

인간 존중이 선의 위계질서에서 최상단에 위치한다고 믿어 왔던 사람이 자신의 직업적 성공에 걸림돌이 된다는 이유로 인간 존중의 가치를 훼손한다면, 이는 지조의 덕에 걸맞지 않다. 또한 이처럼 행동하는 사람이 자신의 행위를 자기기만적으로 합리화한다면, 가령 자신의 행위가 실은 인간 존중의 가치를 저버리는 것이 아니라고 강변하거나 자신이 그 가치를 중시한 적 없었던 척한다면, 그는 진실성의 덕을 갖추지 못한 것이다. 더 나아가 인간 존중의 가치를 훼손한 행위를 자신의 삶에서 부정하고 외면하는 식으로 자기 인생 서사의 통일성을 해친다면, 그는 온전성(integrity)의 덕을 갖추지 못한 것이다.

대개 평범한 인간에게는 자기 인생 서사 가운데 자기 것이 아닌 양 내버리고 숨기려 하는 부분이 있다. 나의 행위로 인정하지 못할 행위들이 포함된 만큼 나의 인생 서사는 통일성이 취약하다고 말할 수 있다. 그리고 그러한 삶은 지조와 온전성의 덕목을 그만큼 결여한 것이다.

그러나 지조와 온전성의 덕을 갖춘 사람이 평생 자신의

가치관을 수정할 수 없다고 여기는 것 또한 오해다. 좋은 삶을 추구하는 사람은 선의 탐색으로 삶을 보내는 과정에서 선의 우선순위에 대한 관념을 변경할 수 있다. 탄탄한 통일성을 갖춘 인생 서사에도 여러 굴곡이 있을 수 있다. 중요한 것은 그러한 관념의 변경이 체계적 탐색의 결과로 얻어지는 것으로서 정당한 이유를 갖춰야 한다는 점이다. 따라서 그때의 변화는 선 관념의 개선을 의미할 것이다. 달리 말해 자기 편의에 따라 수시로 선 관념을 변경한다면 그것은 진지한 선의 탐색과 배치되고 지조와 온전성의 훼손이 되기 쉽다. 이때 지조란 선의 탐구와 추구에 대한 한결같은 헌신을, 온전성이란 삶의 여러 일화가 그러한 일관된 헌신의 서사로 통합됨을 의미할 것이다.

참고문헌

설민(2021). "덕론과 해명 책임(accountability)에 의거한 매킨타이어의 목적론". ≪철학≫, 146, 119-146쪽.

MacIntyre, A.(2007). *After Virtue: A Study in Moral Theory.* Notre Dame, Ind.: University of Notre Dame Press.

알래스데어 매킨타이어(Alasdair MacIntyre, 1929~2025)

우리 시대의 대표적인 정치철학자이자 윤리학자다. 노터데임 대학교 철학과 명예교수를 지냈다. 1980년대 영미권에서 지배적이던 자유주의를 비판함으로써 자유주의와 공동체주의 사이에 커다란 논쟁을 불러왔다. 덕윤리가 규범 윤리학으로 부흥하는 데 결정적으로 공헌했다. 대표작 ≪덕의 상실≫(1981)은 20세기의 가장 중요한 실천철학 저작 가운데 하나로 손꼽힌다. 자유주의와 마르크스주의를 모두 비판하면서 아리스토텔레스와 토마스 아퀴나스의 전통을 현대적으로 계승하려 했다. ≪덕의 상실≫ 외에 ≪누구의 정의? 어느 합리성?≫(1988), ≪도덕적 탐구의 세 경쟁 형태≫(1990), ≪의존적인 합리적 동물≫(1999) 등이 주요 저작으로 거론된다.

설민

서울대학교 영문과를 졸업하고 동 대학원 철학과에서 석사 학위를, 독일 부퍼탈대학교 철학과에서 박사 학위를 받았다. 부산대학교 윤리교육과를 거쳐 현재 성균관대학교 철학과에서 현상학과 해석학을 비롯한 현대 유럽 철학을 주로 가르치고 있다. 한국하이데거학회에서 학술이사와 편집위원을, 한국현상학회, 철학연구회에서 편집위원을 맡고 있다. 주요 저작으로 ≪푸코와 철학자들≫(2023, 공저), ≪철학, 이해하다≫(2021), "사르트르와 타자 존재의 문제"(2023), "Heidegger's Fundamental Ontology and Feminist Philosophy"(2024) 등이 있다.